ATAQUE!
Transforme incertezas em oportunidades

RAM CHARAN

ATAQUE!
Transforme incertezas em oportunidades

ALTA BOOKS
EDITORA
Rio de Janeiro, 2018

Copyright © 2019. Starlin Alta Editora e Consultoria Eireli.
Copyright © 2015. Ram Charan.

Published by arrangement with Ram Charan
Coordenação de produção: Carolina Palharini
Tradução: Cristina Yamagami
Capa: Carolina Palharini
Produção Editorial – HSM Editora - CNPJ: 01.619.385/0001-32

Todos os direitos estão reservados e protegidos por Lei. Nenhuma parte deste livro, sem autorização prévia por escrito da editora, poderá ser reproduzida ou transmitida. A violação dos Direitos Autorais é crime estabelecido na Lei nº 9.610/98 e com punição de acordo com o artigo 184 do Código Penal.

Erratas e arquivos de apoio: No site da editora relatamos, com a devida correção, qualquer erro encontrado em nossos livros, bem como disponibilizamos arquivos de apoio se aplicáveis à obra em questão.

Acesse o site www.altabooks.com.br e procure pelo título do livro desejado para ter acesso às erratas, aos arquivos de apoio e/ou a outros conteúdos aplicáveis à obra.

Suporte Técnico: A obra é comercializada na forma em que está, sem direito a suporte técnico ou orientação pessoal/exclusiva ao leitor.

A editora não se responsabiliza pela manutenção, atualização e idioma dos sites referidos pelos autores nesta obra.

Dados Internacionais de Catalogação na Publicação (CIP)

Angélica Ilacqua CRB-8/7057

Charan, Ram
  Ataque e transforme incertezas em oportunidades / Ram Charan ; tradução de Cristina Yamagami. - Rio de Janeiro : Alta Boooks, 2019.

  ISBN 978-85-508-0623-5
  Título original: Attacker's advantage

  1. Planejamento estratégico 2. Liderança 3. Sucesso nos negócios 4. Mudança organizacional I. Título II. Yamagami, Cristina

15-0884   CDD 658.4012

Índices para catálogo sistemático:

1. Planejamento estratégico

Rua Viúva Cláudio, 291 — Bairro Industrial do Jacaré
CEP: 20.970-031 — Rio de Janeiro (RJ)
Tels.: (21) 3278-8069 / 3278-8519
ALTA BOOKS www.altabooks.com.br — altabooks@altabooks.com.br
EDITORA   www.facebook.com/altabooks — www.instagram.com/altabooks

Dedicado ao coração e à alma da família de 12 irmãos e primos vivendo sob o mesmo teto por 50 anos, cujos sacrifícios pessoais possibilitaram minha educação formal.

Sumário

O que é "vantagem do ataque"? _____ 9

Parte I   O principal desafio da liderança em nossa época _____ 11
             Capítulo 1 – Curvas da estrada _____ 13
             Capítulo 2 – Por que a incerteza estrutural é diferente _____ 21
             Capítulo 3 – A revolução algorítmica e a ascensão da matemática __ 25
             Capítulo 4 – Procurando sinais de alerta _____ 31

Parte II   Desenvolvendo a acuidade perceptiva _____ 35
             Capítulo 5 – Identificando os catalisadores da mudança estrutural __ 37
             Capítulo 6 – Enxergando o que os catalisadores enxergam _____ 47
             Capítulo 7 – Ferramentas para desenvolver acuidade perceptiva ___ 55
             Capítulo 8 – Como a Tata Communications expande o horizonte de visão da empresa ___ 67

Parte III   Partindo para o ataque _____ 73
             Capítulo 9 – Definindo o caminho _____ 75
             Capítulo 10 – Mentalidade ofensiva _____ 85
             Capítulo 11 – O caminho da Kaiser Permanente em meio ao tumulto da área de saúde ___ 99

Parte IV   Criando uma organização ágil _____ 107
             Capítulo 12 – Sessão de prática em grupo: transparência e coordenação ___ 109
             Capítulo 13 – Como a Keurig Green Mountain adotou a sessão de prática em grupo ___ 123
             Capítulo 14 – Tomada de decisões: o quê, quem, como – concentrando-se nos principais nós de decisão da organização ___ 129
             Capítulo 15 – Dirigindo em duas pistas _____ 141
             Capítulo 16 – O rápido contra-ataque organizacional da Merck ____ 157

Considerações finais _____ 169

Agradecimentos _____ 171

Notas _____ 173

Sobre o autor _____ 175

O QUE É "VANTAGEM DO ATAQUE"?

Estamos sentindo a incerteza na pele: concorrentes velozes, revolução algorítmica, antagonistas econômicos no mundo inteiro, sistema financeiro global não reformado... Essas são apenas algumas das muitas forças capazes de alterar permanentemente o faturamento de uma empresa, indústria ou setor econômico, fazendo da incerteza o principal desafio da liderança na nossa época. A pergunta que todo mundo se faz é: "Como tomar decisões e liderar se as coisas mudam de maneira tão imprevisível e rápida?".

Neste livro, apresento as habilidades necessárias para ter sucesso nessa nova era de curvas fechadas. A vantagem de quem ataca é a acuidade perceptiva para detectar, antes dos outros, as forças capazes de transformar o mercado, de modo a ser o primeiro a dar o próximo passo. É a mentalidade para superar o medo da incerteza e enxergar oportunidades nesse contexto de dúvidas, munindo-se de coragem para seguir em frente, apesar do desconhecido. É a capacidade de ter vantagem com agilidade, foco e entusiasmo.

Quando identificamos as fontes da incerteza, definimos um caminho a seguir e fazemos os ajustes necessários no decorrer da jornada para avançar sempre, vemos que a incerteza não é nenhum bicho de sete cabeças. Muito pelo contrário. Se mergulharmos no incerto, descobriremos possibilidades de criar algo novo e valioso. Quanto mais abraçarmos a incerteza e treinarmos para lidar com ela, mais autoconfiantes e preparados estaremos para liderar.

PARTE I

O principal desafio da liderança em nossa época

Capítulo 1

Curvas da estrada

Assumir o controle da incerteza é o principal desafio da liderança na nossa época. E não falo sem fundamento. Baseio-me na minha experiência como consultor de centenas de líderes empresariais, desde membros de conselhos administrativos até gerentes de unidades de negócios, em companhias e indústrias do mundo inteiro. Por conta da proximidade que desenvolvemos ao longo das décadas, pude acompanhar de perto as ações e decisões desses líderes. Falo regularmente com centenas de outros líderes, sempre fazendo perguntas e trocando informações. Com base nessa experiência, posso afirmar que a grande incerteza que vejo enfrentar os líderes de hoje é algo realmente único. Em termos de escala, velocidade, impacto e crescente ubiquidade, é algo qualitativamente diferente – em ordem de grandeza – de tudo que já aconteceu.

Sabemos que a vida é feita de incertezas. A maioria das incertezas no ramo empresarial é conhecida. Algumas são operacionais, como otimizar a produção para mudanças diárias na demanda, lançar um novo produto ou adaptar-se às variações da taxas de juros. Outras são profissionais, capazes de afetar a segurança no trabalho e futuras oportunidades, como as decisões ruins de gestores, que podem favorecer rivais menos competentes. E outras macroscópicas, como conflitos geopolíticos (em alta hoje em dia), mudanças climáticas e sério comprometimento do sistema financeiro global.

A novidade é a incerteza estrutural. Estrutural porque as forças atuantes de hoje podem minar a estrutura existente de um mercado ou setor específico, colocando-o em risco de redução ou até extinção. Estamos falando de forças de longo prazo, inevitáveis. Para quem está despreparado, as grandes mudanças decorrentes destas forças são curvas repentinas, que aparecem sem avisar, obscurecendo qualquer ideia de futuro. As necessidades e desejos humanos estão sempre mudando. Em um mundo onde a previsão de crescimento da economia é de US$ 30 milhões nos próximos dez anos, não faltarão oportunidades para quem for ágil e capaz de aproveitá-las a fim de criar novas empresas, novos modelos de negócios, novos segmentos de mercado e até novas indústrias. A incerteza estrutural é global e, ao mesmo tempo, atomística. Um crescente exército (onipresente) de agentes de mudança ganha força com o advento da internet e da comunicação sem fio, de baixos custos. Em tese, temos sete bilhões de agentes: a população mundial. Você poderia ser Amol Bhave, um rapaz de 17 anos de Jabalpur, Índia, que faz parte do grupo, de mais de 800 mil pessoas (do mundo inteiro), que se inscreveu no programa educacional online edX, patrocinado pelo Massachusetts Institute of Technology (MIT) e pela Harvard University, em parceria. Em março de 2013, ele recebeu a notícia de que foi aceito no MIT após tirar 97 no curso de eletrônica e circuitos. "O programa me abriu as portas para universidades como o MIT, onde eu jamais poderia sonhar entrar sendo de tão longe"[1], disse Bhave ao *Financial Times*.

A cada dia, mais pessoas têm acesso imediato às informações disponíveis e possibilidade de colaborar com os outros. A implementação de ideias promissoras nunca foi tão simples, porque existe capital para bancá-las. Para empresas digitais, essa implementação pode ser extremamente rápida e barata. Por outro lado, os consumidores adquiriram novos poderes com a digitalização e conectividade online – mídia social, avaliações virtuais e comparação imediata de preços –, ganhando acesso às informações e opções que eles nunca tiveram. As preferências dos consumidores podem mudar, inclusive globalmente, enfraquecendo ou destruindo indústrias inteiras, e motivando a criação de novos formatos – o que acrescenta mais uma dimensão à incerteza. Finalmente, toda incerteza é intensificada por aumentos quânticos na velocidade das mudanças, fenômeno resultante, em grande parte, das revoluções tecnológicas da área de informática e comunicações.

OS PRINCÍPIOS BÁSICOS PARA LIDERAR EM TEMPOS DE INCERTEZA

Para sua empresa prosperar em meio à incerteza estrutural, será necessário um novo tipo de liderança – diferente daquele para o qual você foi treinado –, o que requer uma mentalidade totalmente distinta e a capacidade de prever o futuro e partir para o ataque.

A vantagem agora é de quem cria mudanças, não apenas de quem aprende a conviver com elas. Em vez de esperar e reagir, esse tipo de líder imerge nas ambiguidades do meio externo, avalia tudo antes de as coisas se assentarem, define um caminho e conduz sua organização nessa direção. Depois de conceber uma nova necessidade ou redefinir uma necessidade existente (via de regra, com um modelo de negócios em mente), o líder determina a imagem da nova empresa e direciona a organização, junto com seus parceiros externos, para o ataque.

Por mais que tenha nos ajudado, nossa experiência pregressa não garante o sucesso neste novo mundo. A maioria dos líderes bem-sucedidos recebe feedback e reconhecimento por características como capacidade de comunicação, motivação, visão, decisão e, acima de tudo, a capacidade de entregar os resultados desejados em Wall Street. A maior parte das avaliações 360º que as empresas utilizam baseia-se nesses atributos. Ainda estou para ver uma avaliação que inclua as qualidades essenciais para transpor os principais obstáculos da liderança na nossa época: capacidade de perceber as fontes da incerteza antes que os outros; tirar proveito da incerteza para definir uma estratégia de ataque; e preparar a organização para mudanças repentinas no meio.

Muitos líderes esperam as incertezas do meio externo se concretizarem para fazer alguma coisa. Acreditando piamente nas competências específicas e no momento da empresa estabelecida, esses líderes focam os sintomas imediatos da participação de mercado e margens de lucro reduzidas, reagindo como sempre reagiram, normalmente baixando preços, concedendo promoções, cortando custos e aprimorando serviços. O pensamento por trás dessas medidas é reforçado pelo sucesso de curto prazo, mesmo que temporário, mantendo Wall Street e seus indicadores obsoletos à distância (falaremos a respeito desses indicadores mais adiante).

Considerando as características das mudanças atuais, esse comportamento é, no mínimo, retrógrado. Mesmo se a empresa focar outros atributos e habilidades, devemos assumir o compromisso pessoal de nos prepararmos para liderar em face da incerteza estrutural.

A partir do momento em que reconheci a magnitude das mudanças atuais, passei a trabalhar de modo a desenvolver maneiras práticas para os líderes não só se defenderem, mas também aproveitarem as mudanças. Descobri que quem está mais preparado para liderar agora e no futuro, nesta era de curvas acentuadas, possui as seguintes habilidades:

1. Acuidade perceptiva.
2. Capacidade de enxergar oportunidades na incerteza.
3. Capacidade de divisar um novo caminho e se comprometer com ele.
4. Habilidade de realizar a transição para o novo caminho.
5. Capacidade de fazer com que a organização seja direcionável e ágil.

No decorrer do livro, você terá a oportunidade de estudar mais profundamente cada um desses itens, com exemplos, insights e ferramentas práticas para desenvolvê-los.

Acuidade perceptiva. Preparação psicológica e mental para enxergar além do campo de visão e identificar anomalias, contradições e excentricidades no cenário externo antes do outros. Algumas pessoas nascem com essa qualidade, mas ela pode ser aprendida e até institucionalizada. Podemos aprimorar qualquer habilidade que tenhamos se estivermos atentos aos sinais de mudança, ou seja, procurando as mensagens contidas nas transformações. Podemos desenvolver a acuidade e conferir nossos padrões psicológicos compartilhando sistematicamente nossas percepções com um grupo diferente de líderes e especialistas. Isso também ampliará as lentes pelas quais enxergamos o mundo. Desenvolva o hábito de detectar fontes de incerteza, inclusive os catalisadores – os seres humanos por trás –, sobretudo os de outras indústrias, e faça o exercício mental de pensar nas possíveis implicações do contexto. Procurar o que é novo e refletir sobre seu significado o ajudará a enxergar seu negócio sob uma nova óptica e ter ideias para novas trajetórias de crescimento. Você precisará expandir suas redes de relacionamento e fontes de informação muito além de sua empresa e indústria, de modo a incluir governos, organizações não governamentais (ONGs) e parceiros de ecossistema.

Capacidade de enxergar oportunidades na incerteza. Reconhecer que a incerteza é um convite ao ataque, conduzindo a organização a outro lugar no cenário de instabilidade. A menos que você seja pego de surpresa e não tenha tempo, não é bom ficar na defensiva. Seja sincero consigo mesmo quando detectar uma falha estrutural na organização e aceite o fato de que as competências que lhe trouxeram sucesso talvez não sejam mais importantes ou representem um entrave a uma posição mais promissora. Toda jornada tem obstáculos, mas alguns são psicológicos e nos impedem de deslanchar. Uma observação atenta de seus bloqueios específicos o ajudará a superá-los.

Capacidade de divisar um novo caminho e se comprometer com ele. Você precisa estar disposto a desenvolver habilidades necessárias, o que inclui domínio no uso da digitalização e algoritmos. Na busca de oportunidades para estabelecer uma nova estratégia de negócios bem-sucedida, foque a experiência de consumo de ponta a ponta e determine como as mudanças externas e a digitalização podem ajudá-lo a criar uma experiência nova e cativante. Persiga essa meta com tenacidade. Identifique os obstáculos e bloqueios a serem superados e enfrente-os. Convide superiores e a direção (conselho administrativo, se você for CEO) para que eles possam ver a mesma realidade externa. Não espere que todo mundo concorde com seus planos, mas tenha coragem com base em suas convicções. Desenvolva a troca de informações com pessoas do governo para compreender a visão delas, e mostre como as incertezas estruturais afetam sua indústria e consumidores.

Habilidade de realizar a transição para o novo caminho. A estratégia de partir para o ataque pode exigir uma grande mudança, assim como uma adaptação constante na definição de prioridades e tática financeira, sobretudo no que se refere ao caixa. Esteja atento à realidade externa e interna para saber quando acelerar e quando alterar a relação curto prazo/longo prazo, dando especial atenção ao *cash flow* e às dívidas. Você pode ganhar credibilidade com os investidores criando e alcançando metas de curto prazo. Você também precisará procurar investidores que entendam seus planos e estejam dispostos a embarcar na jornada com você.

Capacidade de fazer com que a organização seja direcionável e ágil. Você não tem como prosperar se não levar a organização junto em qualquer nova direção que tomar. Aprenda a torná-la ágil, ou direcionável, vinculando, em tempo real, a realidade externa às atribuições de tarefas, prioridades, poder de tomada de decisões, orçamento e alocação de capital e indicadores-chave de desempenho (KPIs, do inglês *key performance indicators*). A ferramenta mais poderosa para atingir essas metas é a "sessão de prática em grupo" (SPG, ou JPS, do inglês *joint practice session*), em que líderes de toda a empresa compartilham informações, tomam decisões e integram ações. Um dos principais benefícios das SPGs é resolver os conflitos endêmicos das organizações. Outro é redirecionar recursos e pessoas com agilidade, de acordo com as mudanças do meio.

Prepare-se para o desconforto

Para aproveitar o cenário atual, será necessário fazer algumas mudanças significativas na definição de seu negócio. Aliás, em muitos casos, você precisará começar um negócio novo que, mais cedo ou mais tarde, acabará ofuscando sua maior fonte de renda ou gerador de caixa. Ambas as situações representam um ato empresarial ousado, com o qual os antigos líderes não têm muita intimidade. Os riscos geram desconforto, e eles paralisam, ignorando o risco de *não* mudar e perpetuando negócios prontos para a transformação, geralmente via alguma forma de digitalização (considere o exemplo da Blockbuster, Kodak e Borders).

A Excelo, sediada na Índia, ilustra o tipo de cenário que podemos encontrar. A empresa deixou de ser uma pequena empresa de TI terceirizada e passou a ser uma usina de força, ajudando outras empresas a reconfigurarem seus processos de TI para reduzir custos, cortar o tempo de ciclo e aumentar a produtividade. A principal lógica de seu negócio era a subcontratação – contratação de mão de obra barata. A empresa mantinha um forte vínculo com seus clientes e bastante expertise em cada indústria. Mas o CEO, que havia construído um relacionamento profundo com sua clientela, reparou na necessidade de mudança. Os clientes precisavam de ajuda em termos de soluções de software com base matemática, para modificar radicalmente seu negócio. Para atender a essa demanda, a Excelo precisava mudar de foco e adquirir nova expertise. Sua principal atividade continuava sendo ganhar dinheiro, embora as margens de lucro estivessem diminuindo por conta da concorrência acirrada. A empresa devia fazer essa mudança? Em caso afirmativo, teria de ser rápida, para sair à frente dos concorrentes. Mas isso significaria contratar pessoal com a expertise necessária e, fatalmente, demitir colaboradores – incluindo dedicados gerentes – que, apesar de terem ajudado a construir a empresa, tornaram-se obsoletos. O líder da Excelo estava diante de uma difícil decisão a tomar. Como a nova trajetória exigiria o investimento de boa parte dos recursos financeiros da empresa, os gastos no negócio atual deveriam ser reduzidos. Em quanto? Com que velocidade? Será que a transição poderia destruir a alma da empresa? Qual seria a reação da mídia frente à demissão de tantos profissionais competentes?

Essas decisões desconfortáveis fazem parte do novo jogo. Líderes seniores e conselhos diretores de um número cada vez maior de empresas estão lidando com as mesmas questões. A pressão afeta os gerentes de nível médio também. No quesito lucros e perdas, a pergunta que não quer calar é se seus superiores lhes permitirão ter uma renda menor em curto prazo para aproveitar oportunidades mais promissoras. O desafio de um gerente de nível médio hoje é nada mais nada menos do que persuadir o líder a mudar de prioridades.

Nem toda trajetória nova envolverá questões tão complexas quanto essa, mas o grande risco é que os líderes demorem demais para tomar uma decisão necessária e sejam atropelados pelo mundo. No momento certo, você precisará ter a força e a convicção para dar um salto rumo ao desconhecido, liderando a organização no passo certo e com as pessoas certas, o que significa adaptação constante frente às curvas e reviravoltas do caminho.

***

SUA MANEIRA DE LIDAR com a incerteza ao seguir em frente o colocará em um dos seguintes mundos. O primeiro é o antigo mundo das competências empresariais, ganhos incrementais e atitude defensiva. O segundo é o mundo em que você precisa estar se quiser ser alguém que ataca: o mundo dos grandes empreendedores que criam uma nova necessidade, agem com rapidez e colocam uma curva no caminho dos adversários tradicionais.

Capítulo 2

Por que a incerteza estrutural é diferente

Fui criado na Índia, onde minha família tinha uma loja de sapatos numa cidade de cem mil habitantes a 60 quilômetros ao norte de Delhi, uma área cercada de fazendas. Nossos clientes eram fazendeiros, a maioria simples, ganhando o básico para o sustento. Durante a monção anual, eles nem saíam de casa. Era nossa época de vacas magras: vendíamos pouquíssimos sapatos. Não sabíamos quando começariam as chuvas, quanto tempo durariam e com que intensidade cairiam – mas sabíamos que viriam, e nos preparávamos para a queda de vendas e possível quebra de caixa reduzindo nosso estoque com antecedência. O momento preciso da monção era uma incerteza operacional que aprendemos a contornar.

Agora imagine que um dia chegasse uma firma de construção na minha cidade e começasse a erguer uma superloja. Seria uma incerteza estrutural que nos levaria à falência se não fizéssemos logo alguma coisa a respeito. O momento preciso em que termina a monção não importa muito quando você está sendo varrido do mapa por uma incerteza estrutural como essa.

Podemos administrar uma incerteza operacional com as ferramentas existentes. Mas uma incerteza estrutural surge do meio externo. É um elemento fora do nosso controle, capaz de destruir nosso negócio se não o detectarmos a tempo e não criarmos nosso espaço no ambiente que se forma. Um exemplo atual é o declínio da Dell Computer, uma das histórias de sucesso mais celebradas do mundo. Por três décadas, Michael Dell e sua equipe de liderança prosperaram com seu "modelo sob encomenda", que lhes permitia saber exatamente quando e quais componentes eram necessários (agilizando a entrega ao cliente), sem precisar de muito estoque. Com rápido giro, baixas margens e preços baixos, a Dell conquistou participação de mercado. Mesmo com capital de giro negativo[2], a empresa era uma grande geradora de fundos líquidos (na ordem de 1 bilhão de dólares por trimestre), tornando-se a principal empresa do setor em termos de participação de mercado.

Até o dia em que levou um golpe duplo. O primeiro foi operacional: a venda do negócio de PCs da IBM para a Lenovo, em 2004. Quando os dois primeiros CEOs da Lenovo, ambos dos Estados Unidos, fracassaram, as pessoas disseram que a companhia chinesa jamais teria sucesso. Em 2009, então, Yang Yuanqing, empresário chinês e antigo líder da Lenovo, passou a ser o novo CEO. Yuanqing adotou uma abordagem incomum, focando reduzir os custos e inovar ao mesmo tempo, e a Lenovo chegou à liderança do mercado, deixando a Dell e a HP para trás. Os preços baixos da Lenovo apertaram as margens e o *cash flow* da Dell, resultando em um significativo declínio no valor de suas ações.

A Dell poderia ter superado esse desafio operacional, mas outra grande mudança estrutural aconteceu quase ao mesmo tempo: o lançamento dos *tablets* (Android e o iPad da Apple) e smartphones. Como todos na indústria de computadores pessoais, a Dell foi pega de surpresa. O lançamento representou uma das maiores mudanças já ocorridas no setor, assinalando um declínio do mercado de desktops e laptops. Era o fim da luta para a Dell, porque, devido à mudança estrutural, suas principais competências deixaram de ser uma vantagem competitiva. (Uma observação pessoal: conheço Michael Dell há muito tempo e posso dizer que não devemos subestimá-lo. Ele tornou a empresa privada novamente, para ter a liberdade de fazer apostas maiores no futuro.)

Poucas indústrias estão isentas da ameaça da incerteza estrutural – nem os setores básicos e fragmentados, como o de motoristas de táxi, se salvam. Seus aspectos econômicos quase não mudaram em décadas de tarifas reguladas e alto preço de associação às cooperativas, o que limita o número de concorrentes. Para os taxistas e donos de frotas, os maiores problemas sempre foram o custo da gasolina e a divisão do faturamento com os reguladores. Agora o modelo está sendo ameaçado por empresas que oferecem "caronas" pagas, como a Uber e a Lyft. O cliente baixa um aplicativo e combina a corrida com motoristas que possuem carro próprio. Essas empresas começaram a surgir por volta de 2012, na tecnológica São Francisco. Em meados de 2014, já estavam presentes nas principais cidades dos Estados Unidos e do mundo inteiro. Os reguladores, no início, tentaram banir a iniciativa, mas um número cada vez maior de empresas transportadoras criou a nova realidade de um serviço de bastante demanda. Uma dessas empresas, a California Public Utilities Commission, chegou a apresentar uma descrição que pode servir de definição: "Rede de empresas transportadoras". Os governos europeus foram menos severos com os operadores estabelecidos, mas, com o aumento da demanda, os motoristas e donos de frotas se depararão com um fenômeno estrutural que pode destruir seu mercado.

Uma incerteza estrutural nem sempre aparece de repente. De modo geral, os primeiros sinais de incerteza passam despercebidos. A Nokia mantinha uma marca fantástica, era muito lucrativa e gozava de excelente participação de mercado. A empresa quase faliu – com um declínio na receita, margens de lucro, caixa e participação de mercado – em menos de três anos. A curva na estrada surgiu por causa da Apple, que oferecia uma nova experiência de consumo – tão diferente que os clientes, além de pagarem mais por seus produtos, faziam fila para não perderem nenhum lançamento.

A Nokia foi pega de surpresa, mas não precisava ter sido assim. Minha interação com o CEO da empresa dois anos antes do lançamento do iPhone indicou que eles sabiam dos planos, pois alguns colaboradores da empresa finlandesa tinham conhecimento das solicitações de patente da concorrente. O que aconteceu foi que os líderes da Nokia acharam pouco provável que uma empresa de computadores entrasse no mercado de telefones celulares e, mesmo que entrasse, não faria muita diferença, pensavam eles, porque a Apple não era grande o suficiente para representar uma ameaça. É verdade que a Apple apresentava sucesso no mercado de produtos eletrônicos com o iPod, mas estamos falando de um produto caro, com uma grande margem de lucro. O telefone da Apple seria da mesma categoria e dificilmente gozaria de significativa participação de mercado. A concorrente também deveria enfrentar problemas em termos de comunicação, área que a Nokia dominava. Como a Nokia era a maior concessionária, obtinha a maior participação de mercado e era a marca mais reconhecida, a equipe de liderança da empresa chegou à conclusão de que conseguiria desfazer a diferença se ficasse para trás um pouquinho. O que desnorteou a Nokia foi a ferocidade do ataque da Apple, criando uma nova experiência de consumo e um novo mercado de massa, com altas margens, que suplantou o antigo. O novo mercado expandiu-se rapidamente, e sua taxa de crescimento aumentou.

Elon Musk criou uma incerteza inesperada e possivelmente significativa para a indústria automotiva. Até recentemente, o dinheiro que as montadoras gastavam desenvolvendo carros elétricos servia para sustentar uma mistura de especulação e relações públicas. O recente sucesso de Musk, o Tesla, porém, chamou a atenção de todos. Inicialmente, o automóvel foi considerado um brinquedo excêntrico para conservacionistas afluentes, mas logo a inovação do design e na fabricação das baterias mostrou a que veio, e Musk conseguiu ampliar o mercado. Em 2014, a empresa deveria entregar cerca de 35 mil carros, da categoria semiluxo. A Daimler e a Toyota compraram o sistema de transmissão do Tesla e investiram na empresa. Será que isso criará uma curva na estrada para modelos das categorias luxo e semiluxo – Cadillac, Lincoln, Jaguar, Mercedes-Benz e os modelos mais caros da Volkswagen –, em que a BMW é líder? Ou criará um mercado ainda maior? Em junho de 2014, a Tesla Motors anunciou que disponibilizaria suas patentes para montadoras que tivessem interesse em acelerar o desenvolvimento de carros elétricos no mundo. A China do presidente Xi parece levar a sério a questão da poluição. Só esse mercado já criaria uma curva bastante acentuada na estrada da indústria automotiva mundial. As montadoras do mundo inteiro agora têm um novo negócio a considerar, seja como uma vantagem ou uma ameaça.

A oportunidade da incerteza estrutural foi muito bem resumida por G. M. Rao, *chairman* da GMR, a maior empresa de infraestrutura da Índia. Uma vez ele me disse que toda curva na estrada contém mensagens sobre uma futura trajetória de crescimento que alguém pode explorar se enxergá-la de maneira diferente, sem ser controlado por uma competência existente. Como a oportunidade, por definição, é algo totalmente novo, a reação instintiva mais comum é pensar: "Não sabemos nada a respeito. Esse modelo não se enquadra com o conceito central da empresa e com nossa capacidade". Os líderes que prosperam *graças* à incerteza sabem que um mundo em fluxo cria novas possibilidades, diminuindo as barreiras da entrada. Eles enxergam com clareza, agem de forma decisiva e atacam.

Capítulo 3

A REVOLUÇÃO ALGORÍTMICA E A ASCENSÃO DA MATEMÁTICA

O maior instrumento isolado de mudança – um instrumento que está criando grandes incertezas e oportunidades para um universo sempre crescente de empresas – é o progresso das ferramentas matemáticas conhecidas como algoritmos e seus sofisticados softwares. Jamais tivemos tanto poder mental informatizado e disponibilizado para tanta gente – poder de desconstruir e prever padrões/mudanças em tudo, desde o comportamento dos consumidores e questões de saúde até requisitos de manutenção e vida útil operacional de maquinaria industrial. Somados a outros fatores tecnológicos, os algoritmos estão mudando dramaticamente a estrutura da economia global e o estilo de vida das pessoas. (Os outros fatores incluem digitalização, internet, mobilidade de banda larga, sensores e habilidades de análise de dados mais baratas.)

Os algoritmos e os mecanismos de decisão que eles acionam processam enormes quantidades de dados, muito além do que o cérebro é capaz de processar, e tudo na velocidade da luz. Eles realizam milhões de interações, examinando opções e consequências de segunda e terceira ordem de uma determinada decisão, produzindo resultados que a mente humana pode aceitar, rejeitar ou mandar refazer. Assim como os seres humanos aprendem com a experiência e melhoram ou mudam, os algoritmos podem ser programados para aprender com os resultados de suas decisões, de modo a aprimorá-las e/ou modificar previsões subsequentes.

Embora todos esses avanços tenham sido feitos nas últimas décadas, o uso dos algoritmos já está desbancando modelos de negócios consagrados e criando modelos inéditos. Os algoritmos, até agora, são mais conhecidos por seu papel na transformação radical do setor varejista, criando novos relacionamentos de proximidade entre as empresas e os clientes. Hoje, empresas gigantes conseguem lidar com seus clientes de maneira individual. A revolução agora está entrando em um novo estágio de expansão, em que as máquinas comunicam-se entre si sem a intervenção humana, aprendendo por meio da inteligência artificial e tomando decisões coerentes com base em regras prescritas e processadas via algoritmos. Esse recurso expandiu-se rapidamente para possíveis conexões entre bilhões de mecanismos na crescente "internet das coisas" (IoT, do inglês *internet of things*), que integra máquinas e dispositivos a sensores e softwares interligados em rede. Isso é o que possibilita o uso dos smartphones para programar o ajuste do termostato, e ver o que acontece em casa de qualquer lugar do mundo. Modelos mais sofisticados monitoram remotamente máquinas industriais e administram cadeias de abastecimento. A comunicação entre máquinas pode nos ajudar a aumentar nossa capacidade produtiva e a agilidade de nossas decisões. Ainda não vimos nada em termos de potencial, mas as oportunidades de crescimento dessa curva na estrada podem ser imensas para quem souber aproveitá-las.

Empresas com as novas habilidades matemáticas possuem uma grande vantagem sobre as outras, mesmo as que tiveram muito sucesso no passado. Além de serem digitalizadas, elas constituem *casas matemáticas*, como gosto de chamá--las, e estão criando incerteza estrutural para todas as indústrias. O Google, o Facebook e a Amazon.com foram empresas criadas como corporações matemáticas. Nasceram digitais, como dizem alguns. A Apple tornou-se uma corporação matemática depois que Steve Jobs voltou como CEO. Essa tendência deverá crescer. As antigas empresas que não conseguirem fazer a mudança ficarão vulneráveis frente aos concorrentes digitais. Os líderes de negócios precisam de competência em digitalização – pelo menos o suficiente para fazer as perguntas certas aos especialistas e saber usar a matemática para melhorar a experiência de consumo.

Aliás, uma das maiores mudanças que a abordagem algorítmica gera, tanto para as empresas quanto para os consumidores, é um novo nível de interatividade. A experiência de consumo para muitas empresas consolidadas é de segunda mão, quando não de terceira. Os produtos de uma empresa, por exemplo, são comprados pelo distribuidor X, que os revende para o lojista Y, que os revende ao público. Nas casas matemáticas de hoje, ao contrário, os clientes entram em contato direto com a empresa – comprando e fornecendo feedback sem intermediários. As empresas podem rastrear e até prever as preferências dos consumidores em tempo real, adaptando estratégias e ofertas de acordo com a demanda, o que dá aos consumidores um poder que eles nunca tiveram.

Decisões tomadas com base no uso de algoritmos propiciam um diálogo aberto entre o produtor e o consumidor individual, permitindo a troca de informações em tempo real, de maneira sistemática e confiável, segundo regras preestabelecidas no algoritmo. Para as decisões que requerem avaliação humana, as máquinas jogam a questão para o cliente. Os dados acumulados nessas interações podem ser usados para uma série de propósitos. Por exemplo, a experiência de consumo de ponta a ponta tem um grande número de pontos de contato – sejam pessoais, digitais ou virtuais –, e cada ponto pode ser previsível ou não. Uma empresa consegue mapear detalhadamente todos esses pontos de contato, coletando informações de cada um. Um motor matemático pode, então, produzir conclusões para orientar as decisões gerenciais em termos de inovação, desenvolvimento de novos produtos e alocação de recursos. A análise dos pontos de contato com o cliente pode ser realizada de maneira contínua em tempo real ou por meio de uma amostragem matemática ao longo do tempo, não apenas para um evento.

Os dados também podem ser utilizados como ferramenta de diagnóstico, revelando, por exemplo, sinais de possíveis mudanças externas e ajudando a identificar incertezas e novas oportunidades. Podem evidenciar as irregularidades das tendências passadas, mostrando se elas estão se tornando um padrão, e ajudar a identificar novas necessidades ou tendências que podem fazer que seu negócio se torne obsoleto.

A casa matemática define, portanto, um novo estágio na evolução das relações entre as empresas e os consumidores. O primeiro estágio, antes da Revolução Industrial, foi o de transações pessoais entre os artesãos e seus clientes. Depois, veio a era da produção e do mercado em massa, seguida da segmentação dos mercados e da semicustomização da experiência de compra. Com empresas capazes de coletar e gerenciar informações de toda experiência de consumo, como a Amazon.com, por exemplo, a casa matemática agora pode focar cada cliente individual. Estamos voltando, por assim dizer, ao modelo dos artesãos, em que um "segmento" de mercado é composto por um indivíduo.

A capacidade de conectar a empresa com a experiência de consumo e com os pontos de contato em tempo real tem profundas implicações para a organização do futuro. A tomada de decisões fica mais rápida, e os líderes podem horizontalizar a organização, reduzindo as camadas à metade, em alguns casos. Grande parte dos empregos tradicionais para gerentes de nível médio (gerentes que gerenciam gerentes) desaparecerá, ao passo que as atribuições dos cargos remanescentes serão radicalmente alteradas. As despesas gerais das empresas serão reduzidas em ordem de grandeza. Embora os especialistas criativos sejam caros, haverá uma significativa redução no custo de gestão, assim como no custo de mão de obra não especializada. Além disso, os indicadores de desempenho serão totalmente redefinidos e transparentes, de modo a promover o trabalho em equipe nas empresas – ou seus ecossistemas – entre departamentos, regiões, fusos horários e culturas.

REDEFININDO UM ÍCONE INDUSTRIAL

Apenas uma das cinco empresas do Índice Dow Jones ainda em existência, a GE, está se transformando em uma casa matemática. A GE tornou-se líder entre as empresas industriais com o novo negócio de prestar manutenção ao equipamento que vendia, desde motores a jato e locomotivas até turbinas e equipamentos médicos de imagem. Agora, a companhia americana está aproveitando a influência para dar um grande salto transformacional, lançando o que batizou de "internet industrial". Desde meados de 2014, cerca de dois terços dos US$ 250 milhões em pedidos desse perfeito exemplo de empresa industrial devem-se à sua propriedade intelectual matemática.

A grande mudança de gestão da GE começou por volta de 2010, quando eles perceberam que a IBM adentrava o espaço industrial que a GE e outras companhias ocupavam. A IBM fornecia softwares sofisticados que funcionavam em conjunção com equipamento industrial e venda desse equipamento. Os líderes da GE viram uma oportunidade de aumentar a receita na área de softwares, primeiro, influenciando os clientes, e segundo, modificando a concepção de equipamentos e serviços. Os softwares prometiam margens muito altas e baixo investimento, em comparação com os equipamentos em si. A GE começou a expandir para a internet industrial. Em 2011, a empresa reuniu no Vale do Silício uma equipe com cerca de mil especialistas em sofisticados softwares e algoritmos. O custo foi pequeno para uma companhia do porte da GE, mas vasto em suas ramificações: desde então, a GE é líder na internet industrial. Junto com a ATT, a Cisco, a IBM e a Intel, fundou o Industrial Internet Consortium (IIC), organizado em 2014 para acelerar o desenvolvimento da IoT. Com muito trabalho em equipe, o negócio está expandindo e definindo o espaço.

A entrada da GE na internet industrial inaugurou trajetórias de crescimento rentável a partir de sua expertise em áreas como equipamentos médicos, turbinas, petróleo e gasolina, redes elétricas, locomotivas e motores de avião. Os clientes beneficiam-se da redução do tempo ocioso de seus ativos fixos de capital intensivo. A GE aumentou sua participação na área de serviços, que possui altas margens de lucro, baixa intensidade de capital e alta retenção de clientes. Além de usar a internet industrial para melhorar a lucratividade de seus próprios produtos e serviços, a empresa norte-americana também cria nova demanda, compartilhando seus sofisticados pacotes de softwares e algoritmos com os concorrentes. Uma interconectividade maior intensifica o consumo, abrindo uma trajetória de crescimento exponencial para a GE e aumentando sua fatia de uma torta em expansão. A empresa já está colhendo os frutos de maior participação no mercado, crescimento da receita e margens de lucros mais altas. Em determinado segmento de equipamento de energia, por exemplo, a GE já passou à frente de sua maior concorrente, com um salto de 30% a 48% de participação de mercado.

A recém-desenvolvida expertise da GE na área de softwares e algoritmos reformulou toda a empresa para o século 21, posicionando-a – como diz o CEO Jeffrey Immelt – "para alcançar resultados em meio à incerteza". Immelt aumentou o foco da empresa descontinuando a GE Capital, mantendo somente as partes que servirão como divisão financeira e o antigo negócio de eletrodomésticos. Essa reformulação está desencadeando mudanças na seleção e promoção de pessoas, no conteúdo do treinamento, nos planos de desenvolvimento de carreira e nos mecanismos operacionais, como revisões no lendário sistema operacional da GE, além de reduzir custos de toda a empresa. Um exemplo perfeito de como aproveitar oportunidades na incerteza.

Para tirar proveito da incerteza, os algoritmos precisam fazer parte do nosso vocabulário no futuro tanto quanto "margens de lucro" e "cadeia de abastecimento" fazem parte hoje. E a equipe executiva precisa entender seu papel no crescimento da empresa. Esse fator é tão poderoso que me sinto tranquilo de afirmar que qualquer organização que não seja uma casa matemática agora, ou que não tenha como se tornar uma logo, já é uma empresa antiga. A transformação não tem nada a ver com o tempo de existência da empresa, mas com sua maneira de lidar com o novo paradigma. Não basta contratar novos tipos de expertise e inserir novas habilidades na organização existente. Muitas companhias precisarão fazer uma mudança significativa no modo como são estruturadas, administradas e lideradas.

Capítulo 4

Procurando sinais de alerta

Muitos líderes de negócios vivem com medo constante (e não declarado) de que as certezas de seu setor mudem de repente e que eles não vejam a mudança chegando. Observo esse comportamento quase diariamente nas ações – e, sobretudo, inações – de pessoas em todos os níveis da hierarquia empresarial, seja qual for a indústria. A lista de líderes importantes que ignoraram ou não conseguiram enxergar sinais de mudança estrutural é grande, indo de fabricantes de carruagem que não acreditavam na ameaça dos automóveis a executivos da Nokia que desprezaram a importância do iPhone em seu mercado.

De modo geral, esses sinais de alerta não vêm de dentro do nosso ecossistema imediato, mas de fora. Quando a Napster apareceu com seus sofisticados algoritmos e softwares para compartilhar música online, os líderes da indústria musical consideraram que seria só uma questão de tempo até os tribunais colocarem fim no que, em essência, era pirataria. Aí Steve Jobs fechou o negócio de vender músicas pelo iTunes para lançar o revolucionário produto da Apple, o iPod. Os titãs da indústria não captaram o sinal de alerta da Napster e, portanto, perderam a oportunidade de redefinir seu caminho a tempo. O poder mudou dentro da cadeia de valor quando as vendas de CD, altamente lucrativas, caíram drasticamente, levando junto todo o faturamento do setor.

As pessoas geralmente não percebem esses sinais de alerta porque estão "voando baixo", imersas nos detalhes operacionais diários de seu negócio. Em meio à crise financeira de 2009, eu mantinha contato na Turquia com "Michael Barry", dono de uma empresa de equipamentos com receita de US$ 1 bilhão que rodava o mundo em busca de novos clientes. Michael foi visitar os líderes locais na Turquia para uma revisão trimestral e se deparou com más notícias: a equipe não alcançaria as metas de vendas trimestrais porque os clientes não estavam conseguindo financiamento. Normalmente, os clientes recorriam a um único banco para conseguir o empréstimo necessário para a compra dos equipamentos, mas, como o governo vinha obrigando os bancos a fortalecerem seu balanço patrimonial, eles tinham que recorrer a quatro, cinco ou até seis bancos diferentes, muitas vezes sem conseguir o que desejavam. Uma grande venda havia acabado de ir por água abaixo, porque, no último minuto, um dos seis bancos retirou-se da transação e, logo depois, outro. A gerência local queria saber se a empresa controladora podia conceder o financiamento necessário para fechar o negócio.

Esse não foi o primeiro sinal de problema. Michael havia enfrentado um problema similar no Brasil e nos Estados Unidos, no mês anterior, quando sua empresa foi obrigada a financiar vendas a partir de seu balanço patrimonial. Na verdade, os banqueiros estavam reduzindo os investimentos em todas as áreas – mas Michael continuava firme com sua produção, e o dinheiro estava acabando. Mais um mês, e a empresa não conseguiu manter o financiamento, acumulando estoque. Michael não viu o sinal de alerta porque não estava voando alto o suficiente para identificar as forças financeiras globais em ação e ligar os pontos. No final, o balanço patrimonial ficou tão apertado que Michael não teve outra escolha a não ser diminuir a produção, demitir colaboradores e reduzir substancialmente seu negócio.

Apenas para comparação, considere a história de "Bill Smith", líder de uma linha de negócios global sediada nos Estados Unidos como parte da "Vital Metrics", uma empresa de equipamento médico. Bill é responsável pelo lucro mundial, participação de mercado e vendas de sua unidade de negócios. Pouco tempo atrás, tinha saído a notícia de que o governo chinês acusava a GlaxoSmithKline (GSK), uma das maiores empresas farmacêuticas do mundo, de suborno e preços inflacionados. Bill estava sempre buscando avanços que pudessem gerar impacto em sua unidade de negócios, mesmo que eles não parecessem importantes ou não fossem diretamente relacionados com seu setor, e havia adquirido o hábito de testar suas observações. Ele e eu estávamos jantando após uma palestra minha sobre tendências globais em julho de 2013, e ele estava cheio de perguntas.

Bill me contou que ficara sabendo da GSK e tentava incluir o caso no contexto mais amplo das mudanças gerais que observava na China, sobretudo desde que o presidente Xi havia anunciado que a luta contra a corrupção seria uma prioridade de seu governo. A China já tinha leis anticorrupção há muito tempo, mas essas leis não foram promulgadas por ineficácia do sistema legal do país.

A hipótese de Bill era que o governo poderia estar usando a GSK e talvez outras empresas de fora da China como exemplo para mostrar que os reguladores agora estavam preparados para agir. "Você acha que essa medida é um tiro de advertência?", perguntou-me Bill. "Quantas empresas devem ter sido visadas? Será que a nossa também foi incluída? Já entrei em contato com nosso gestor de riscos e consultor jurídico geral. Estamos bastante atentos, mas até mesmo uma simples investigação na nossa empresa pode manchar nossa reputação na mídia e frente ao conselho diretor."

Elogiei Bill por ter detectado um possível sinal de alerta de fora de seu setor na esfera geopolítica, e o incentivei a seguir adiante. "Quais as implicações disso em sua conta de resultado global? Haverá algum impacto?" Bill ficou pensando por um tempo. Sua unidade era a segunda mais lucrativa da Vital Metrics e a unidade de maior crescimento. A possibilidade de crescimento nos Estados Unidos e na Europa era praticamente nula. A melhor opção era na China. Bill havia projetado um crescimento de 30% na receita e 20% nos lucros anuais na China pelos próximos três anos. Na verdade, Bill e seus líderes estavam contando com isso. Bill construíra uma carreira espetacular nos últimos 20 anos e ele sabia que, embora seu futuro parecesse promissor no momento, não resistiria a um grande déficit.

"Se o governo encontrar provas de corrupção para a inflação, imagino que os preços terão de cair em todos os setores. Será que nosso setor será o próximo?"

"O que você vai fazer se for?", perguntei.

Pausa longa. "Vou criar um plano para compensar a perda de receita e lucros", respondeu Bill. "Mandar minha equipe explorar novas fontes de renda e lucros, redefinir as metas e realocar alguns recursos para outras partes do mundo". Outra pausa e, depois, com convicção: "Colocar à prova nossa criatividade".

Passamos o restante do jantar falando sobre a situação da China, imaginando os diferentes rumos que as coisas podiam tomar e suas possíveis consequências. Bill saiu do restaurante otimista e pronto para o desafio. Ele tinha voado mais alto e percebido o sinal de uma possível mudança em seu setor, preparando-se para lidar com ela. A partir de agora, ele observaria o desenrolar dos eventos geopolíticos com um propósito específico, sem deixar de procurar sinais de mudança no meio externo. Bill encarou a incerteza da China não como uma fonte de ansiedade, mas como uma oportunidade.

***

A VANTAGEM DO ATAQUE é a capacidade de detectar, antes dos outros, as forças que estão redefinindo o mercado e posicionar a empresa de modo a ser o primeiro a dar o próximo passo. No decorrer do livro, apresento ferramentas e exemplos necessários de como atacar, identificar as fontes de incerteza, definir um caminho a seguir e fazer os ajustes necessários para levar a organização adiante. A incerteza não é algo a temer, mas algo a encarar de frente, porque nela reside a possibilidade de criar algo novo e valioso. Quanto mais abraçarmos a incerteza e praticarmos as ferramentas para lidar com ela, mais autoconfiança teremos e mais preparados estaremos para liderar.

✓ Checklist da parte I

Avalie a si mesmo em uma escala de 1 a 10:

- ✓ Você está consciente de que mudanças estruturais estão ocorrendo com maior frequência? Isso o preocupa ou você vê oportunidades aí? Você considera parte de seu trabalho como líder detectar essas mudanças? Você considera parte de seu trabalho criá-las?
- ✓ Você avalia o meio externo como Bill Smith (ver Capítulo 4)? Você está voando alto o suficiente para enxergar o cenário geopolítico e outros fatores macro além de sua indústria? Você consegue não se prender aos detalhes diários, identificando curvas na estrada logo no início? Sua equipe faz o mesmo?
- ✓ Você consegue parar e avaliar se seus problemas operacionais são sinais de mudança estrutural?
- ✓ Você acompanha o desenvolvimento de empresas que estão utilizando a matemática e avançados programas de computador para transformar os negócios, mesmo que sejam de outro setor? Você considera a possibilidade de algumas delas destruírem seu negócio e redefinirem o mercado?
- ✓ Você está preparado para aceitar o fato de que a incerteza veio para ficar? Você sabe que precisa tomar decisões ousadas mesmo quando os fatores nos quais você se baseia ainda não estão claros?
- ✓ Você está preparado, do ponto de vista psicológico e organizacional, para transformar a incerteza em grandes oportunidades? Este é o novo imperativo da liderança.

PARTE II

DESENVOLVENDO A ACUIDADE PERCEPTIVA

CAPÍTULO 5

IDENTIFICANDO OS CATALISADORES DA MUDANÇA ESTRUTURAL

Quantas vezes você ouviu alguém dizer algo do tipo: "Ted Turner conseguiu enxergar, mas os outros não", referindo-se à criação da CNN, a primeira rede de televisão a cabo de notícias 24 horas? Ou perguntar: "Como eles perderam essa oportunidade?", referindo-se aos líderes da Sony e o advento da música digital: uma surpreendente falta de acuidade perceptiva da empresa, cujo Walkman foi um dos produtos mais revolucionários da década de 1980.

A acuidade perceptiva é nosso radar humano para enxergar em meio à neblina da incerteza o modo de agir antes dos outros. Turner enxergou. Os líderes da Sony não. Poucos líderes desempenharam a acuidade perceptiva, porque ela não faz parte do desenvolvimento diário da liderança. Os líderes olham o mundo de dentro para fora, através de uma pequena abertura, procurando aquilo que corresponde ao que eles sabem. Só uma porcentagem muito pequena olha para seus negócios de fora para dentro, procurando no horizonte sinais de mudança.

Um dos primeiros sinais é o surgimento de um catalisador, isto é, um indivíduo com acuidade perceptiva excepcional que se vale de uma determinada força ou uma combinação de forças – por exemplo, a relação entre uma tendência demográfica e uma tecnologia existente. De modo geral, é um pensador criativo, que não se limita ao pensamento convencional. Ele pondera suas percepções em comparação com a visão das pessoas de sua rede social, avalia hipóteses – quase sempre de maneira inconsciente – e fica empolgado com a possibilidade de novas oportunidades. O mais importante: ele age. Os catalisadores assumem riscos baseando-se parte em fatos, parte em suposições referentes ao que pode acontecer quando as forças se unem no que outros chamam de convergência. O catalisador, aliás, é o indivíduo que geralmente cria a convergência.

De novo: a acuidade perceptiva é uma habilidade de liderança fundamental, e a capacidade de enxergar eventos, tendências e anomalias no horizonte – qualquer coisa nova em comparação com o que sabemos, por mais fraco que seja o sinal – é uma qualidade da prática de liderança.

A capacidade de Turner de identificar o que era novo e diferente tornou-se evidente logo no início de sua carreira. Seu primeiro insight foi imaginar as vantagens de combinar transmissão via satélite e a incipiente rede por cabo, num momento em que a coisa ainda não estava estruturada. Turner começou comprando uma pequena estação UHF em Atlanta, no ano de 1970, logo após ter assumido a empresa de outdoors do pai. O plano era transformar sua pequena estação local em uma estação nacional, emitindo sinais para um satélite, baixando esses sinais em antenas parabólicas de todo o país, e transmitindo os sinais capturados para os usuários via cabo. Antes de criar sua rede nacional, Turner teve de enfrentar um obstáculo: a Federal Communications Commission (FCC), que concedia licenças específicas para cada localidade. Para não ser dissuadido, Turner solicitou a intervenção do Congresso americano, alegando que seu plano daria mais opções aos consumidores. A FCC aprovou sua proposta de uma licença nacional, e sua estação local transformou-se em uma superestação praticamente da noite para o dia. Turner encontrou uma forma inteligente de preencher as horas com programação – como a prática, agora comum, de passar filmes e programas de TV antigos – e chegou a comprar os Atlanta Braves, para poder transmitir os jogos sem ter de pedir permissão a ninguém.

Na década de 1970, o foco foi a cobertura de noticiários. Por que os consumidores tinham de assistir aos noticiários em um horário fixo, geralmente às 8 horas? Por que não disponibilizar notícias 24 horas por dia? A CNN, nesse formato 24 horas, tornou-se um dos principais canais da indústria de TV a cabo.

Turner ficou conhecido por sua impulsividade, mas seus movimentos mais ousados tiveram como base sua acuidade perceptiva. Robert Wright, ex-presidente da NBC, disse a respeito de Turner: "Ele vê o óbvio antes de todo mundo. Ted enxerga o que não enxergamos. Depois, o que ele vê se torna óbvio para todos"[3]. O importante é que Turner partiu para a ação, tornando-se um catalisador da mudança.

Os eventos ou novas tecnologias percebidas por um catalisador são o que chamo de *sementes*. As sementes ficam inativas por um longo período, até um catalisador vir e fazer alguma coisa com elas – cultivá-las, por assim dizer. Nesse momento, as sementes germinam. Por exemplo, uma patente pode ser uma semente, mas possuir um grande número de patentes não gera nenhum impacto. É necessário que um catalisador determine como aquela patente pode ser utilizada de maneira inovadora de modo a encontrar mercado. Aí, mudam as placas tectônicas: uma mudança estrutural de suma importância para o negócio ocorre, redefinindo a forma de ganhar dinheiro, demolindo modelos de negócios e reorganizando grande parte dos protagonistas do setor (ou destruindo-os).

Embora a acuidade perceptiva seja um talento nato para os "Turners" deste mundo, você pode cultivá-la observando esses indivíduos e adotando a rotina e a prática disciplinada de procurar novas ideias, eventos, tecnologias ou tendências – coisas que uma pessoa imaginativa poderia combinar para atender a uma necessidade não atendida ou criar uma necessidade totalmente nova. Isso também aumentará sua capacidade de enxergar o desenvolvimento de tendências antes dos outros. Aprimore sua acuidade perceptiva e você será capaz de identificar o catalisador e visualizar futuros resultados. Será que essa pessoa conseguirá transpor o que todos julgam ser um obstáculo intransponível? É esse tipo de avanço criativo que pode alterar ou destruir uma ou mais indústrias e criar indústrias novas. Alguém observando os movimentos de Turner desde o início poderia pensar que o processo de licenciamento iria se arrastar por anos. Nesse caso, o sensato seria acreditar numa mudança de política da FCC. Sua acuidade perceptiva, então, o faria procurar sinais de mudança, e, se você achasse que o catalisador estava funcionando, uma boa pergunta seria: Tenho como aproveitar essa oportunidade, estar na ofensiva e definir o caminho de acordo com as necessidades da minha empresa?

Segundo minha experiência profissional nos primeiros anos de carreira, o catalisador pode ser mais importante na transformação de uma descoberta em sucesso comercial do que a pessoa que faz a descoberta. Um médico muito rico e renomado que morava na minha cidade natal na Índia, embora minha família tivesse uma renda muito menor e não tivesse, portanto, relação com a família dele, fez uma visita ao meu pai um pouco antes de eu sair de casa para ir estudar na universidade. Ele ouvira falar que eu seria a primeira pessoa da nossa cidade a ir para a faculdade de engenharia da Banaras Hindu University (o MIT da Índia). Suas duas filhas estudariam no mesmo campus, e ele queria que eu as conhecesse. Um ano depois, ele me apresentou ao noivo arranjado de uma das filhas, Bishnu Atal, e, para minha surpresa, me convidou para o casamento deles.

O casal se mudou para Nova Jersey no início da década de 1960, onde Atal foi trabalhar como cientista no Bell Labs. Quando fui aos Estados Unidos dois anos depois, o médico me sugeriu que eu visitasse sua filha e seu genro. Foi assim que fiquei sabendo da pesquisa de Atal sobre tecnologia de reconhecimento de voz. Ele vinha trabalhando sem parar e tinha conseguido fazer uma descoberta revolucionária ao desenvolver essa poderosa ferramenta, ganhando muitos prêmios e reconhecimento mundial. De qualquer maneira, apesar da fama entre os especialistas técnicos, a invenção de Atal foi relegada ao anonimato comercial por quase uma década. Só depois de dez anos é que um líder empresarial da Texas Instruments, o engenheiro Paul Breedlove, aproveitou a ideia e, com um orçamento inicial de US$ 25 mil e a ajuda do dr. Atal como consultor, criou um brinquedo educativo para as crianças chamado Speak & Spell ("Fale e Soletre"), que fez muito sucesso. Breedlove tinha acuidade perceptiva para enxergar o potencial de uma tecnologia à qual ninguém deu atenção. Ele é o catalisador que transformou essa tecnologia em um produto comercial, abrindo caminho para muitas outras aplicações. Desde então, evidentemente, o reconhecimento de voz tornou-se uma ferramenta ubíqua, sendo desenvolvida e combinada com outros avanços tecnológicos, a ponto de permitir que uma empresa reconheça o estado emocional de seus clientes pela voz para poder oferecer serviços customizados.

O maior teste da acuidade perceptiva é a capacidade de reconhecer catalisadores e sementes mesmo com sinal fraco (intermitente ou aparentemente irrelevante). Varejistas sem acuidade perceptiva, por exemplo, talvez tenham subestimado a importância da nomeação de Angela Ahrendts para o cargo de vice-presidente de varejo e lojas online da Apple no início de 2014. Que loucura é essa (eles podem ter se perguntado) de contratar a bem-sucedida CEO da Burberry, uma das melhores marcas do mundo, para gerenciar uma mera divisão que nem é a mais lucrativa da Apple?

O indivíduo dotado de acuidade perceptiva iria logo questionar: Por que uma executiva tão criativa e experiente abriria mão do cargo de CEO para pegar um trabalho menor? Será que ela é um catalisador capaz de reconceituar totalmente o trabalho das lojas? Quais devem ser suas intenções? Uma possível resposta é que ela pode transformar as lojas numa "meca" da moda e do luxo, não só de softwares e hardwares. Pessoas do mundo da moda, a ex-indústria de Ahrendts, devem observar seus movimentos, reparando, sobretudo, no tipo de profissional que ela está contratando – designers, varejistas, tecnólogos? –, uma vez que essas decisões indicarão uma futura trajetória. As pessoas também devem saber que ela tem muita habilidade na nova matemática de comércio.

Totalmente familiarizada com algoritmos, Ahrendts já trabalhou com a gigante global de softwares, SAP, na criação de um software que reproduz virtualmente uma cabine de provas, permitindo que o cliente experimente suas roupas pelo aparelho celular. Adicione-se ao banco de dados mental o fato de que a Apple convidou jornalistas de moda para o lançamento de seu relógio, Apple Watch, em setembro de 2014.

Muitos catalisadores levam um tempo para se desenvolver, mas mostram suas qualidades logo no início (e geralmente repetem seu desempenho). Vale a pena, portanto, procurar pessoas que estão começando a aparecer ou já têm um histórico: o crítico, o aluno de pós-graduação que gera controvérsia entre os "especialistas", o pesquisador que surge com uma inovação técnica ou o jovem empreendedor que desponta para o sucesso. Depois de identificar um potencial catalisador, você pode interagir com ele ou acompanhar suas atividades de modo a formular hipóteses sobre seus próximos passos, as peças que ele está procurando juntar e que peça deve lhe faltar, lembrando sempre que os catalisadores têm uma fé inabalável na própria visão. Essas informações tornam-se sinais de alerta para determinar o tamanho e o momento da mudança que o catalisador está planejando.

Aqui vão cinco exemplos de catalisadores, que serão apresentados logo em seguida:

- O homem que reestruturou o mercado de automóveis – duas vezes.
- Pioneiros da internet.
- Investidor de risco da era digital: Andreessen, segundo ato.
- O arqueólogo industrial.
- Guerreiros.

O HOMEM QUE REESTRUTUROU O MERCADO DE AUTOMÓVEIS – DUAS VEZES

Um catalisador precisa antes estar no meio certo para acionar algo. Hal Sperlich, planejador de produção da Ford na década de 1960, foi o criador do Mustang, que ele desenvolveu com o apoio de Lee Iacocca, gerente da Ford Division na época. O Mustang inaugurou um novo segmento, um "sucesso automotivo que bateu o recorde de vendas, com 418 mil veículos vendidos no primeiro ano, causando sensação no mercado americano pela combinação de fatores inusitados: um carro compacto, bonito e acessível"[4].

Sperlich estava obcecado em encontrar as irregularidades de mudança social em diferentes faixas demográficas, realizando uma análise meticulosa dos novos estilos de vida norte-americanos. Logo após lançar o Mustang, chegou à conclusão de que as famílias precisavam de algo entre carro e caminhão: um veículo relativamente compacto, mas espaçoso, para transportar crianças e bagagens. Apesar do sucesso do Mustang, porém, a alta direção da Ford não lhe deu a mínima bola. Henry Ford II, CEO e presidente da empresa na época, não tinha nenhum interesse em um conceito radical, sem base histórica, sobretudo, considerando que o modelo teria tração dianteira. Ford não queria investir em um veículo assim e disse para Iacocca demitir Sperlich. A Chrysler, que enfrentava uma espiral descendente em termos de *cash flow* e participação de mercado, resolveu contratá-lo. Pouco tempo depois, Iacocca também foi demitido e seguiu seu grande amigo na Chrysler, onde se tornou CEO. Iacocca adaptou a ideia da minivan, que fez sucesso desde o primeiro dia, garantindo a sobrevivência da Chrysler e criando um gigantesco segmento de mercado que todo mundo copiou depois.

Pioneiros da internet

A internet nasceu no governo e no meio acadêmico, mas seu uso geral foi impulsionado por uma série de catalisadores. O primeiro foi Tim Berners-Lee, que, enquanto trabalhava na CERN, a Organização Europeia para a Pesquisa Nuclear, desenvolveu a Word Wide Web. Depois, Marc Andreessen, quando ainda era estudante na University of Illinois, abriu a web para uso do público em geral, criando um navegador popular que facilitava a navegação pela vasta quantidade de informações da internet. Andreessen foi um dos fundadores da Netscape. Todos nós sabemos o que aconteceu desde então: a maioria das pessoas do mundo acha impossível imaginar a vida sem internet.

Bill Gates, da Microsoft, foi um que não viu que Andreessen era um catalisador. Ao reconhecer a ameaça da Netscape ao seu negócio de PCs, Gates criou rapidamente seu próprio navegador, o Internet Explorer. Além de vender um navegador opcional, Gates acabou com o mercado da Netscape, por incluir o Explorer no Windows sem nenhum custo adicional. Ações e multas antitruste nos Estados Unidos e Europa não conseguiram deter o sucesso do software.

INVESTIDOR DE RISCO DA ERA DIGITAL: ANDREESSEN, SEGUNDO ATO

Devido à onipresença da internet, à acessibilidade da matemática e à infraestrutura do Cloud ("Nuvem") – gratuito para os usuários –, agora temos um monte de jovens universitários, do Vale do Silício e Bangalore a Singapura e Israel, com uma enorme quantidade de informações e conectividade à sua disposição. Essa tecnologia espalhada pelo mundo todo certamente fará surgir novos catalisadores, que criarão novos avanços. Muitas empresas do Vale do Silício adquiriram o hábito de identificar esses catalisadores. Marc Andreessen, por meio de sua empresa Andreessen Horowitz, é constantemente abordado por algumas das maiores companhias da Fortune 50. Ele é um investidor de risco da era digital que se difere dos antigos capitalistas de risco da era do computador pessoal, pois está antenado com o uso de algoritmos e sofisticados softwares, recorrendo, sobretudo, ao Cloud. Andreessen recebe muitas informações de "crianças", jovens que nasceram na era digital e desejam promover suas ideias. No centro dessas ideias, ele consegue enxergar o que é realmente uma novidade com potencial de sucesso e conecta os jovens com grandes empresas ou compradores. Poderíamos chamar Andreessen de capitalista em série. Ele e sua firma colocam os jovens em contato com sua rede de grandes CEOs – pessoas como Larry Page do Google, Mark Zuckerberg do Facebook, e Meg Whitman da HP –, todos capazes de financiar ideias promissoras e lançá-las rapidamente.

O ARQUEÓLOGO INDUSTRIAL

Um catalisador pode até ressuscitar uma tecnologia "morta" – sem capacidade de produzir algo inovador – encontrando um uso para ela em uma nova necessidade, mercado ou experiência de consumo. Foi o que fez Steve Jobs com o Gorilla Glass, uma tecnologia desenvolvida pela Corning trinta anos atrás, que havia sido aposentada.

Observei como o interesse de Jobs pode servir de alerta para a próxima inovação revolucionária em um jantar em que estive após o lançamento do iPhone. Entre os convidados havia diversos CEOs, incluindo Wendell Weeks, CEO e presidente da Corning Glass. As pessoas, evidentemente, estavam fascinadas com o fenômeno do iPhone, e Weeks nos contou que Jobs ligou um dia para ele perguntando se ele podia encontrá-lo na sede da empresa, em Nova York. Sempre na busca para produzir melhores produtos, Jobs procurava um vidro mais fino e mais resistente para a tela do iPhone. Ficou sabendo que a Corning havia produzido, várias décadas antes, um vidro temperado ultrarresistente chamado *Gorilla Glass*, com as características que ele queria, mas de produção descontinuada, porque a fábrica que o produzia havia fechado. Jobs convenceu Weeks a reabrir a fábrica e adquiriu o vidro – além de criar um relacionamento que prometia colocá-lo em primeiro lugar com qualquer novo tipo de vidro que a extraordinária capacidade investigativa da Corning fosse produzir no futuro.

O impressionante e rápido crescimento do uso do *Gorilla Glass* foi um sinal nítido de que o vidro era capaz de mudar muitos outros modelos de negócios e estratégias. Ninguém duvidava da versatilidade do material e de seu potencial para a criação de novos produtos de comunicação inovadores. Era só desenvolvê-lo, lançando mão de softwares sofisticados. Por que não uma geladeira transparente que transmitisse mensagens escritas diretamente a um provedor de mercadorias, para que este reabastecesse a casa? Ou uma tela gigante capaz de detectar o movimento das mãos, não só o toque, em que pudéssemos escrever, possibilitando a colaboração virtual de pessoas do mundo inteiro? Já vi essa tela em funcionamento no Microsoft Envision Center. As pessoas conseguem se ver, trocar dados e fotos e criar um produto juntas, conectando-se de diferentes lugares, com o mecanismo inteligente do qual o vidro da Corning faz parte integral.

GUERREIROS

Um catalisador pode ser um sujeito como Ralph Nader, crítico fervoroso das políticas e empresas americanas por 50 anos. Nader mudou não só a indústria automotiva mundial, como muitas outras indústrias. Em seu livro pioneiro, *Unsafe at Any Speed* ("Inseguro a qualquer velocidade"), ele apresenta uma análise crítica das montadoras, mostrando que elas não pensam muito na segurança de seus produtos. O livro teve tanta repercussão que a General Motors (a maior montadora da época) teve de se render, modificando as expectativas dos consumidores e reguladores do governo em relação à segurança de produtos. Toda montadora agora precisa ter acessórios de segurança. Consequentemente, podemos dizer que a crítica de Nader criou oportunidades bilionárias em um segmento de mercado totalmente novo, que se desenvolveu rapidamente com a rubrica dos sistemas de segurança.

A TRW, por exemplo, desenvolveu uma fonte substancial de renda, crescimento e lucros tornando-se o principal provedor de *airbags* e outros sistemas de segurança da Ford e grande provedor da General Motors. Ruben Mettler, antigo CEO da TRW e renomado engenheiro, enxergou a oportunidade. A divisão de segurança da TRW era bastante reconhecida pela inovação tecnológica, e Mettler percebeu que parte de sua tecnologia podia ser aplicada em sistemas de segurança de passageiros. A companhia fez o investimento necessário e tornou-se líder mundial. A Volvo, importadora cujos clientes valorizavam seus automóveis resistentes, reposicionou-se como uma marca única, diferenciada pela atenção à segurança, garantindo um grande espaço no mercado. As preocupações com segurança criaram uma ótima oportunidade para a DuPont, que desenvolveu uma metodologia para mudanças culturais de segurança e agora conta com uma grande divisão para ajudar empresas do mundo inteiro a melhorar suas práticas.

Com a segurança ocupando um lugar de destaque nas questões de interesse público, outros catalisadores ampliaram suas aplicações, incluindo muito mais indústrias e fábricas no movimento. Hoje em dia, as instruções de segurança estão presentes numa crescente quantidade de produtos e quase em todos os lugares onde há pessoas reunidas. A segurança tornou-se um critério básico para os desenvolvedores na hora de selecionar empresas de construção. Quando eu trabalhava no conselho diretor da Austin Industries (importante construtora regional de edifícios e aeroportos), em Dallas, a segurança fazia parte de nossas discussões diárias. O histórico de segurança da Austin tornou-se uma vantagem competitiva no mercado.

Unsafe at Any Speed é quase um retrato perfeito dos dois lados da incerteza estrutural. As grandes montadoras viram-no como uma ameaça. Outros protagonistas reconheceram uma oportunidade e partiram para o ataque. E a principal mensagem do livro passou a fazer parte da sociedade como um todo.

E quem sabe quem será o próximo Nader? Talvez Michael Bloomberg, o famoso milionário que se tornou prefeito de Nova York. Lá, entre outras coisas, ele tentou proibir a venda de bebidas doces e refrigerantes em grandes volumes (embora a Suprema Corte tenha rejeitado a liminar) e obrigou os restaurantes a colocar o número de calorias de cada prato no cardápio, uma medida que outras cidades estão copiando e que se tornou parte do Affordable Care Act (Lei de Proteção e Cuidado ao Paciente), de 2010. Mas não nos concentremos nos Estados Unidos. Os catalisadores também estavam presentes no México quando o governo aprovou o imposto sobre refrigerantes no país.

Não deveríamos nos perguntar se esses catalisadores poderiam mudar o panorama de nossa empresa – ou oferecer-lhes uma oportunidade nova?

***

PRATIQUE A ACUIDADE perceptiva observando os catalisadores de dentro e de fora da sua indústria, seja qual for seu trabalho ou nível organizacional. Sua capacidade de discernimento melhorará se você fizer uma avaliação após os fatos, refletindo sobre seus acertos e erros e os motivos para ter agido como agiu. Com maior acuidade perceptiva, você conseguirá identificar catalisadores mais cedo e começará a enxergar o mundo como eles enxergam: cheio de possibilidades e oportunidades. No próximo capítulo, você verá o que é diferente e novo ainda mais cedo.

Capítulo 6

Enxergando o que os catalisadores enxergam

À medida que desenvolvemos a acuidade perceptiva, ficamos mais antenados com novas ideias, eventos, tecnologias e tendências interessantes. Expandimos nossa capacidade de enxergar de diferentes ângulos, discernir o que é importante e envolver outras pessoas na missão. Além de se beneficiar de diversos pontos de vista, você desenvolverá a capacidade de sua equipe de detectar mudanças mais cedo e criar a próxima curva da estrada.

Treine recuar seu negócio. Procure as irregularidades, contradições e anomalias do meio: coisas que diferem dos padrões familiares ou daquilo em que você sempre acreditou. Por exemplo, se você for da área de equipamentos médicos – que inclui empresas como GE, Siemens, Philips e a divisão SonoSite da FujiFilm –, já saberá que o uso crescente de telefones celulares e dispositivos móveis, como *smartwatches*, pode ser a próxima curva na estrada, porque esses dispositivos oferecem uma forma alternativa de avaliar nossa saúde, além dos raios X, tomografias computadorizadas e ressonâncias magnéticas. As informações transmitidas com regularidade para os provedores de cuidados de saúde podem ajudar a acompanhar a situação médica do paciente, sobretudo, se houver um quadro de piora. Agora a Apple e o Google estão recrutando médicos e outros profissionais da área, principalmente quem tem experiência em diagnósticos. Será que eles serão os catalisadores que mudarão a indústria médica?

Quando Anne Wojcicki fundou a 23andMe em parceria, no ano de 2007, a ideia básica por trás da empresa biotecnológica era oferecer aos consumidores informações sobre a própria constituição genética a um custo relativamente baixo. Ao mesmo tempo, a 23andMe obteria informações genéticas dos consumidores que concordassem em compartilhá-las e desenvolveria um banco de dados, disponível para empresas farmacêuticas e outros pesquisadores médicos, de modo a melhorar o serviço de saúde para todos. Uma ideia incrível desta ex-funcionária do Google, até a Food and Drug Administration (FDA) proibir a empresa de relacionar-se diretamente com o público. O órgão governamental não estava convencido da precisão dos testes e temia que os consumidores menos experientes interpretassem equivocadamente os resultados e comprassem tratamentos caros, desnecessários e possivelmente prejudiciais à saúde. Isso significa o fim da 23andMe e outras empresas de serviços genéticos? A resposta depende, em parte, do nível de controle e rapidez que os consumidores queiram ter de sua saúde e dos avanços científicos no sentido de tornar os testes mais confiáveis. O Affordable Care Act já está acelerando uma mudança em termos de poder do consumidor, e a 23andMe continua trabalhando com a FDA. O mais provável é que Wojcicki ou algum outro catalisador encontre uma forma de transpor essa barreira. A história mostra que, se uma tecnologia funciona e existe demanda de mercado, as limitações acabam sendo superadas.

Algumas pessoas veem o impacto de um catalisador de maneira muito específica, sem considerar sua influência a longo prazo. Eu estava em uma reunião de conselho na Seagrams, que na época detinha o controle da Universal Music, a maior companhia de música do mundo, num momento em que a Napster tinha acabado de aparecer em cena. Quando surgiu o assunto, algumas pessoas na sala ficaram visivelmente tensas, temendo que o sucesso da Napster ofuscasse o trabalho da Universal. Alguns diretores comentaram que pretendiam fechá-la, sem poupar recursos, e os especialistas jurídicos apresentaram várias formas de fazer isso de maneira legal. No final da discussão, um dos diretores parou, olhou em volta e murmurou: "Nenhuma lei pode impedir uma mudança social".

O QUE OBSERVAR

Você certamente recebe informações de muitas fontes – seja via mídia impressa/televisiva ou via Facebook, Twitter e LinkedIn. O contato com essas informações dá lugar a novas ideias ou provoca uma reorganização das informações já armazenadas. Para sair desse tumulto, você precisa estar alerta para o que é novo e o que é uma irregularidade, contradição ou anomalia. De modo geral, somos capazes de consolidar as informações recebidas em menos de 30 segundos, e demoramos o mesmo tempo para avaliar se essas informações têm alguma importância: "Estou diante de uma semente valiosa?"; "Se der certo, fará alguma diferença para mim ou para algum concorrente meu?"; "Será este um sinal de mudança iminente?". Depois, olhamos para trás para ver se estávamos certos. Esse processo é uma ferramenta bastante poderosa que vi muitos líderes bem-sucedidos usarem.

Talvez você não detecte nada por dias ou semanas, mas a prática aperfeiçoará sua acuidade perceptiva. Quando detectar algo, comente com um amigo. Será que ele viu o mesmo que você? Larry Fink, CEO da BlackRock, é um dos líderes de instituição financeira mais influentes do mundo, e sua empresa tem mais de 1.200 profissionais de investimento. Fink me contou que, apesar das informações detalhadas que possui, antes de ir para a cama ele assiste a diversos noticiários, a fim de detectar fatores inesperados e acompanhar o progresso de suas suposições. Fink utiliza suas faculdades mentais altamente aprimoradas para enxergar antes dos outros, já que parte de seu trabalho e de sua equipe de liderança é prestar consultoria não só para empresas, mas também para o presidente da Reserva Federal, o secretário do Ministério da Fazenda e os banqueiros centrais do mundo inteiro. Ele está à frente da maioria em termos de enxergar sinais de mudança e, consequentemente, moldar o mundo.

Fink pode passar só 20 minutos assistindo aos noticiários no iPad, mas, graças à prática diária, ele leva menos de dez segundos para detectar qualquer contradição ou anomalia, e talvez mais 20 segundos para saber o que significa. Por e-mail na mesma noite ou na manhã seguinte, Fink compara sua visão com a visão de alguém. Se o CEO de uma grande empresa de gerenciamento de ativos usa essa ferramenta, você também pode usar. Requer muito pouco tempo, mas é capaz de prepará-lo para determinar o destino de sua operação, negócio ou empresa.

A seguir, algumas anomalias a observar.

Uma tendência em aceleração. Uma tendência pode ser passiva, mas uma mudança em sua dinâmica pode ser, claro, dinâmica. No dia 3 de dezembro de 2013, o *USA Today* noticiou: "Desde o Dia de Ação de Graças, mesmo com a Cyber Monday, as vendas online subiram 16,5% em comparação com o mesmo período de 2012. Dispositivos móveis representaram mais de 17% das vendas na Cyber Monday, um aumento de 55% em relação ao ano passado". Os números foram maiores do que os especialistas esperavam, explicando a letargia das vendas a varejo não virtuais. Gracia Martore, CEO da Gannett, empresa controladora da *USA Today*, disse na época que considerou os números como um ponto de virada.

Outro exemplo de uma tendência em aceleração envolve a Índia e a China. Logo depois da eleição de Narendra Modi como primeiro-ministro da Índia em maio de 2014, o governo chinês tomou medidas para intensificar as relações comerciais entre os dois países, incluindo uma visita imediata de um importante oficial do governo, que agendou futuras visitas do primeiro-ministro e presidente da China em curto prazo. Qualquer líder de negócios deve ver essas visitas como uma possível semente, imaginando as possibilidades e observando ações, como o investimento da China ou a redução das taxas alfandegárias entre os dois países, que possam criar novas oportunidades e acelerar as relações econômicas entre eles.

A viagem de Modi para o Japão no final de agosto de 2014 e seu relacionamento com Shinzo Abe surpreendeu muita gente, inclusive o governo chinês. Ele voltou com a promessa de US$ 35 bilhões do governo japonês e da iniciativa privada japonesa, a serem investidos na Índia nos próximos cinco anos, em indústrias claramente definidas, como as de infraestrutura e de produção. Além disso, Modi anunciou que uma equipe especial, com dois cidadãos japoneses, estaria em contato direto com seu escritório. Um acordo de investimento entre países inédito. O fato de a política externa da Índia ser fortemente influenciada por sua política econômica também é inédito. O sucesso inicial provavelmente fará que outras nações, como Taiwan, Singapura e a Coreia do Sul, venham para a Índia.

Um evento extraordinário. Esse evento não precisa estar relacionado ao mundo dos negócios. Pode ser um evento social ou político. Em maio de 2012, um diretor da ConocoPhillips discutiu comigo um assunto no qual ele vinha pensando: se devia expandir para a Índia. Ele achava que seria uma grande oportunidade, mas estava preocupado com o governo do então primeiro-ministro, Manmohan Singh, que parecia paralisado por indecisão. Sugeri que ele esperasse e observasse o que aconteceria no dia 19 de julho de 2012. Ele ficou espantado pela especificidade da data, até eu explicar que era o dia em que o novo presidente da Índia seria eleito. O resultado não era previsível, mas diziam que Parnab Mukherjee iria se eleger. Nesse caso, ele deixaria para trás o cargo de primeiro-ministro (na verdade, ele renunciou a esse cargo no final de junho de 2012), e a pessoa que ele escolhesse para ocupar sua posição faria diferença. Aliás, a indicação de Palaniappan Chidambaram significou muito para os indianos. Ele já havia ocupado essa posição duas vezes, ficando conhecido pela competência e postura pró-reforma. Chidambaram, por sua vez, nomeou Raghuram Rajan como novo diretor do Banco Central da Índia (equivalente à Reserva Federal dos Estados Unidos). Economista famoso e influente da University of Chicago, e ex-diretor econômico e diretor de pesquisa do Fundo Monetário Internacional, Rajan era uma escolha com bastante credibilidade para esse importante trabalho. Esse evento apontava para a probabilidade de que uma equipe de oficiais altamente competentes e pró-reforma fosse trabalhar no acúmulo de decisões a tomar, incluindo a definição de regras mais claras sobre investimento estrangeiro. Foi a primeira vez, desde a independência da Índia, que os dois cargos, de primeiro-ministro e diretor do Banco Central – os mais importantes da economia indiana –, foram ocupados por pessoas que trabalhavam juntas e tinham um relacionamento próximo. Um grande contraste em relação à guerra travada pelos dois dirigentes anteriores.

Em outubro de 2012, Chidambaram me convidou para jantar (chegando ao restaurante em um carro indescritível) e, numa conversa de quatro horas, me contou que havia iniciado uma coordenação interministérios para desfazer a paralisia da tomada de decisões. Vários dos grandes contatos industriais que tenho me contaram, em dezembro, que licenças paralisadas há anos estavam sendo aprovadas então. Durante a breve gestão de Chidambaram antes da eleição de Modi, o investimento estrangeiro começou a fluir de novo, e meus clientes ficaram bastante otimistas, embora cautelosos. Mais um exemplo da importância da acuidade perceptiva para identificar sementes e catalisadores.

Potencial de escalabilidade. Alguns garotos em idade escolar criaram um dispositivo capaz de fazer com que seu melhor produto se torne obsoleto. Quem poderia aprimorá-lo? Qual seria o melhor momento? Crie dois ou três cenários na sua cabeça. Se você estiver praticando a arte de estar atento aos sinais de alerta e aos possíveis catalisadores, será capaz de esboçar esses cenários e seus resultados, oportunidades e inovações rapidamente, considerando, também, seu significado para diferentes protagonistas. Não deixe de considerar a velocidade da mudança: o iPhone da Apple foi aprimorado muito mais rápido do que a Nokia previa, por exemplo.

Em meados de 2014, a Amazon.com pedia à Administração Federal de Aviação (FAA, do inglês *Federal Aviation Administration*) permissão para colocar em funcionamento aviões teleguiados para propósitos de pesquisa. Foi o último ato da obsessão de Jeff Bezos, CEO da empresa, em relação à entrega rápida para clientes individuais. A lição não se resume ao interesse por aviões teleguiados, mas à insaciável curiosidade de Bezos por novas tecnologias que possam beneficiar o consumidor, sobretudo, sua crença na importância da entrega rápida. Quais são as implicações para os concorrentes da Amazon.com agora e no futuro? Entrega rápida significa alta rotatividade de estoque. Um líder imaginativo se perguntaria em quanto tempo o departamento de pesquisa da Amazon.com seria capaz de produzir um sistema de entrega viável que a FAA aprovasse, mas também observaria a Índia, onde o uso de aviões telecomandados não é proibido e cujo sistema de transporte é bastante subdesenvolvido. Será que os aviões da Amazon.com poderiam se estabelecer muito rápido e ultrapassar a infraestrutura física de distribuição em alguns países, da mesma forma que os telefones celulares ultrapassaram o telefone fixo? Começam a correr boatos sobre mercados de teste em Mumbai e Bangalore[5].

Mesmo sem os aviões teleguiados, a Amazon.com começou a entregar produtos em algumas cidades norte-americanas no mesmo dia ou, às vezes, em uma hora. (Bezos fundamenta seus planos no que, segundo ele, não mudará nos próximos cinco ou dez anos: o desejo de qualidade, preço baixo e entrega rápida do cliente[6]). Se essa ideia de entrega rápida pegar, ela pode criar novas oportunidades na indústria de alimentos semiprontos, especificamente para empresas da área de alimentos saudáveis. As empresas poderiam desenvolver um modelo de negócios e criar um novo mercado de entrega rápida de produtos sem conservantes. É um sinal inequívoco aos produtores de alimentos saudáveis se prepararem para crescer rápido – e, evidentemente, uma ameaça para os mais lentos ou estagnados. O conceito de "prazo de estocagem" também poderia ser eliminado para uma parte do mercado, uma vez que a Amazon.com não precisa de espaço físico – um agente de mudança para as empresas de alimento e empacotadoras.

A maioria das previsões é feita a partir de dados do passado e identificação de padrões por meio de técnicas analíticas para prever o futuro comportamento. Isso pode ser útil, mas não basta. Use as ferramentas do próximo capítulo para ajudá-lo a ficar atento ao que é novo e diferente e imaginar os resultados.

Muitas sementes de mudanças estruturais aparecem, no início, como um desafio à equipe de vendas ou outros trabalhadores da linha de frente de uma empresa. Não raro, um líder vê vários trimestres de queda nas vendas e conclui que ou sua equipe não está trabalhando direito, ou um concorrente está fazendo melhor – ignorando sinais típicos de uma mudança estrutural em sua indústria ou ecossistema. Quem terá de lidar com toda a bagunça é o sucessor.

Durante a realização deste livro, por exemplo, o faturamento da IBM teve queda por três trimestres seguidos. A alta direção da empresa mencionou um problema operacional – a equipe de vendas não está fazendo seu trabalho direito – como a causa do declínio. Mas os analistas que acompanham a empresa têm outra opinião: que a IBM está perdendo uma grande curva da estrada. O mercado mudou. Os clientes não querem mais gastar uma dinheirama para comprar um produto licenciado por um preço fixo. Eles preferem pagar por um produto com base em seu uso, sem ter de fazer um investimento fixo. Essa mudança estrutural começou muitos anos atrás e tem enormes implicações para a atual gestão da IBM. Numa indústria tão veloz como esta, reagir ao que acontece não é suficiente. A IBM tem bastante talento técnico, uma boa base de clientes e uma máquina inovadora. Mas sua liderança parece ter ignorado o que se apresentou como uma curva na estrada para a empresa – ou, ao menos, isso é o que dizem alguns investidores e analistas. Enquanto escrevo este livro, alguns estavam ligando para a IBM para rever sua estratégia, alocação de recursos e foco para aproveitar a curva e desenvolver credibilidade com os mais céticos. (No Capítulo 9, veremos como a Adobe Systems reconheceu essa mudança de mercado e confrontou, com sucesso, um desafio similar.)

***

EXISTEM MUITAS formas de classificar, filtrar e selecionar o que é importante no vasto e instável meio externo. A Monsanto, por exemplo, baseia sua estratégia em visões macro da flutuante demanda global. A alta administração e membros seletos das grandes operações se mantêm sintonizados encontrando-se a cada quatro ou cinco semanas para rever o direcionamento da empresa à luz das mudanças externas. Essas sessões estratégicas, realizadas dez ou onze vezes por ano, acontecem fora da empresa, para que eles possam se afastar das distrações do trabalho diário. O grupo discute o que está mudando não só na concorrência, mas também em qualquer ponto da cadeia de valor da produção de alimentos, desde fertilizantes e agricultura até hábitos alimentares – e no contexto geopolítico mundial. O propósito é aprimorar a capacidade de as pessoas perceberem novas tendências, gerarem novas ideias e, muito importante, redefinirem o caminho a seguir.

Essas reuniões e observações orientaram a recente mudança da empresa à agricultura de precisão. A liderança da Monsanto viu uma oportunidade única de ajudar os agricultores a tomarem melhores decisões operacionais, otimizando os bancos de dados da empresa sobre pesquisas de sementes e adicionando informações de equipamentos cada vez mais precisas e outras informações. Como resultado, fizeram diversas aquisições, totalizando mais de US$ 1 bilhão, que reuniram equipamento de plantio preciso, a utilização de *big data* e a criação da Climate Corporation, além de outros recursos, em uma única plataforma de produto no fechamento de 2014. No final do ano, a plataforma de agricultura de precisão da Monsanto dava aos agricultores informações práticas sobre um de cada três acres de milho e soja nos Estados Unidos, com planos de serviços especiais e expansão para outros mercados agrícolas em crescimento, como a América do Sul e a Europa Oriental, nos próximos anos.

Onde você perceber uma irregularidade, contradição ou anomalia, é importante se perguntar como será o formato do novo cenário, se o que você está vendo for um sinal de grande mudança – e, claro, imaginar como tirar proveito dessa mudança. Envolva outras pessoas em suas avaliações. Você aumentará sua capacidade de enxergar de diferentes ângulos, identificar o que é importante e explorar o que valer a pena. Além de se beneficiar de diversos pontos de vista, você desenvolverá a capacidade de sua equipe de detectar mudanças mais cedo e criar a próxima curva da estrada. Continuaremos aprendendo como aprimorar essa habilidade no próximo capítulo, explorando mais ferramentas para desenvolver a acuidade perceptiva.

Capítulo 7

Ferramentas para desenvolver acuidade perceptiva

As pressões do trabalho diário e a imersão total em detalhes táticos podem limitar nosso pensamento e nossa visão. "Mas o que eu posso fazer?", você pergunta. "O dia tem só 24 horas, e corro o risco de perder o trabalho se não me dedicar aos números e operações do presente!" Minha resposta é que *praticar a acuidade perceptiva agora faz parte do seu trabalho* e o valorizará como líder. E, a propósito, para desenvolver a acuidade perceptiva, você não precisa tanto de tempo, mas de foco e disciplina para observar diferentes coisas no dia a dia. A seguir, apresento uma série de ferramentas que você pode utilizar para desenvolver a acuidade perceptiva pessoal e da sua organização.

O exercício de dez minutos

Como as mudanças não esperam o ciclo de planejamento anual, é importante ter o hábito de identificar sementes e catalisadores com frequência. Algumas empresas dedicam dez minutos de cada reunião semanal para esse propósito. O ritmo condiciona as pessoas a prestarem atenção e ligarem seus radares. As mudanças estruturais muitas vezes são equivocadamente diagnosticadas como problemas operacionais quando surgem. Por isso, é bom envolver pessoas de diversos níveis da organização para ajudar a identificar tais mudanças.

Em toda reunião de uma hora ou mais, dedique os primeiros dez minutos para falar sobre anomalias do meio externo. A cada encontro, peça para um membro diferente apresentar à equipe uma incerteza estrutural ou curva (do passado, presente ou futuro) de alguma indústria: que incerteza é essa, por que ela aconteceu, ou por que poderia acontecer? A pessoa encarregada da apresentação deve fazer uma pesquisa prévia, utilizando o Google e outras fontes, sem contar com a visão de consultores e outros membros da equipe. O grupo, então, passa a discutir quem está tirando proveito da curva da estrada ou incerteza, quem está no ataque, e quem foi pego de surpresa. Esse exercício amplia a visão de toda a equipe e fortalece sua capacidade de percepção.

As reuniões de equipe costumam ser realizadas uma vez por semana. Portanto, a prática semanal de buscar sementes de mudanças radicais em áreas com as quais as pessoas talvez não tenham familiaridade expande a visão de todo mundo e ajuda o grupo a ser mais perspicaz. O importante é que este exercício altera nossa atitude frente à mudança, permitindo que as pessoas sugiram mudanças em seu próprio negócio. Este é um dos recursos mais eficazes que existem para crescimento pessoal e expansão do potencial individual. E essa prática é ainda mais poderosa quando os líderes de diferentes níveis conduzem as sessões com as pessoas em sua unidade, ajudando a empresa a focar mais no externo e tornar-se, portanto, menos resistente às mudanças.

Steve Schwarzman, o CEO da Blackstone Group, usa uma forma dessa ferramenta social em suas reuniões de segunda-feira de manhã. A Blackstone é, hoje em dia, uma das maiores firmas de participações privadas do mundo, com negócios em diversas áreas da economia e mais de US$ 279 bilhões em ativos sob sua administração em junho de 2014. Quem participa das reuniões de equipe da Blackstone está conectado diariamente com pessoas do mais alto escalão do governo, investidores, líderes de diversas indústrias do mundo inteiro e fontes de informação sobre o que se avizinha. Schwarzman pergunta a todos os participantes o que é novo, o que eles estão detectando e quem são os catalisadores. No período de não mais que uma semana, o grupo passa a saber bastante sobre o que está acontecendo no mundo, o que, por sua vez, o ajuda a determinar o que eles podem fazer para definir o formato de seus negócios e partir para o ataque. O grupo consegue enxergar incertezas estruturais que os outros talvez não enxerguem, sobretudo, quem está ligado com a inerente instabilidade do sistema financeiro global, tendo um alerta sobre o que está acontecendo antes que os outros.

Procure pontos de vista contrários

Ponha à prova suas percepções conversando com outras pessoas, especialmente aquelas com visões contrárias às suas. Em uma dessas discussões, em um almoço com alguns amigos, eu estava pensando sobre as mudanças climáticas na China. O governo tinha multado seis fabricantes de comida para bebê depois de uma investigação sobre precificação. Lembrei que, cinco anos antes, a China tinha aprovado uma lei antimonopólio, criada para proteger os consumidores e os produtores de menor porte, e que um de seus três pilares era deter o abuso de protagonistas dominantes do mercado. Além disso, a Comissão Nacional de Desenvolvimento e Reforma da China, há muito tempo, começava a atuar, preparando a equipe. Pensando alto, perguntei o que essas ações significariam para empresas estrangeiras na China, incluindo fusões e aquisições, e começamos a falar sobre o futuro.

Uma pessoa do grupo respondeu imediatamente: "Mostra que o governo chinês está mais ditatorial. Eles devem ir atrás de negócios lucrativos. Eu não vou querer fazer negócio lá, porque pode não ser bom para meus acionistas". Outro achava que seria sensato contratar pessoas com bons contatos na China se você estivesse pensando numa fusão, e que era bom fazer isso logo, antes que o escrutínio se intensificasse. Um terceiro veio com uma visão contrária: "Será que isso não mostra que o governo está tentando fazer a coisa certa, prevenindo a corrupção e o monopólio? Vocês não acham que a China está preparando o terreno para a previsibilidade e crescimento econômico? Talvez o presidente Xi esteja imitando os moldes americanos, na falta de um sistema legal eficaz, para o melhoramento da sociedade chinesa. Isso não é positivo?" Estávamos todos falando do mesmo país, dos mesmos fatos, mas víamos as coisas por lentes diferentes. A discussão ampliou nossa visão.

Acompanhar os eventos políticos do outro lado do mundo ou os modelos de negócios de outras indústrias pode parecer uma missão impossível para os gerentes de nível médio, mas pense de novo. As sementes de mudança que podem fazer que uma empresa ou indústria se torne obsoleta normalmente atingem um produto ou segmento de mercado primeiro. Portanto, os gerentes de nível médio devem aprimorar sua habilidade de observar o meio externo tanto quanto aqueles em posição mais alta. E estar perto dos clientes, como é o caso de muitos gerentes de nível médio, é uma vantagem, porque eles podem enxergar o mundo pelos olhos dos clientes. Os gerentes de nível médio também estão próximos dos fornecedores e têm muitas redes sociais em outras indústrias, que são grandes fontes de novas ideias. Essa habilidade também ajudará um gerente de nível médio a lutar por recursos adicionais e, em um nível mais pessoal, definir um plano de carreira em sintonia com a realidade externa.

Seu grupo social também pode fortalecer sua capacidade de percepção. Cercar-se de pessoas de diferentes áreas, com diferentes posturas em relação aos riscos, pode ajudá-lo a ver o mesmo mundo com outros olhos. Discutir sobre suas percepções externas é uma forma de aprimorá-las, porque as percepções são comparadas. Quando "Clare", uma executiva de quarenta e poucos anos, tornou-se CEO de uma empresa com uma receita de US$ 10 milhões, ela tomou a iniciativa de localizar quatro outras pessoas mais ou menos de sua idade, também recém-nomeadas CEOs em empresas globais. Cada CEO está numa indústria diferente e tem uma formação pessoal específica. Cada empresa está em um setor diferente da economia: produtos de consumo, Wall Street, tecnologia da informação e indústria. O grupo se reúne quatro vezes por ano para jantar. Cada participante do grupo também tem acesso às informações de seu conselho diretor, subordinados diretos, fornecedores e amigos. As reuniões e conversas informais são uma oportunidade de trocar opiniões e formar uma base sólida para previsões. Além disso, todos têm o hábito de ouvir pessoas cujo esforço ou expertise lhes tragam insights sobre mudanças externas. Isso cria um efeito multiplicador, fortalecendo o poder de observação de cada um.

Dissecar ocasionalmente o passado

Outra maneira de desenvolver sua acuidade perceptiva é com base na história. Uma olhada no espelho retrovisor pode ser útil. Passe um tempo com colegas e foque uma grande mudança externa que atingiu sua indústria ou alguma outra indústria em algum momento dos últimos 50 anos. Disseque essa mudança. Quais foram suas sementes e quem foram os catalisadores responsáveis pela mudança? Considere, por exemplo, a mudança dos mainframes, microcomputadores e processadores de palavras para computadores pessoais (destruindo os planos ultra-ambiciosos de empresas como Wang Laboratories e Digital Equipment Corporation). Procure ser específico sobre quem e o que causou a mudança – e por que os perdedores não conseguiram enxergar a importância do que estava acontecendo. Esse tipo de discussão requer tempo e energia mental, sobretudo no início, mas é uma parte importante do seu trabalho. Você melhorará com o tempo e será capaz de detectar as coisas mais cedo.

MERGULHE NAS FONTES DE RISCO

A GE possui uma marca industrial global, obtendo cerca de dois terços do faturamento fora dos Estados Unidos. Ela fabrica, vende, instala e faz manutenção de seus produtos em alguns países com governos instáveis, em risco geopolítico. Ao contrário de muitas empresas que procuram evitar o risco, a GE considera o risco uma parte de seus modelos de negócios que deve ser administrada, e a empresa deve ser recompensada pelo risco assumido. Isso significa que a gestão deve desenvolver mecanismos sistemáticos para detectar sinais de risco e tomar as providências necessárias antes que os outros.

Steve Bolze, presidente da divisão de água e energia da GE, sediada em Schenectady, Nova York, tem operações em cerca de cinquenta países, em áreas consideradas de alto risco, como muitas regiões da África e do Oriente Médio. A unidade vende itens muito caros, geralmente custando centenas de milhões de dólares e representando investimentos de longo prazo dos clientes. A maior parte do faturamento, lucros e investimento não é norte-americana. Para ter uma vantagem em termos de gestão de riscos e aproveitamento, Bolze recebe informações semanais de cada país, cuidadosamente analisadas e sintetizadas. Ele estuda esses relatórios, buscando sinais de alerta e catalisadores, além de passar um tempo em cada país, conversando com as pessoas. "Temos algumas formas comuns de obter informações e recorremos a alguns grupos externos, mas, para lidar com a incerteza, não há nada que substitua a visita pessoal", diz Bolze. "Ter uma relação com as pessoas do país nos ajuda a entender os motivadores lá. Ajudar os clientes a resolver os problemas também nos ajuda a compreender o contexto. Por exemplo: cinco anos atrás, tínhamos a missão de fornecer energia em grande quantidade para o Kuwait. O encontro com o governo local e a embaixada dos Estados Unidos nos deu muito mais segurança de quando e como seguir". A acuidade perceptiva de Bolze está gerando resultados: as margens de lucro, a participação de mercado, o crescimento da receita e a geração de caixa agora são os melhores da indústria. Bolze surgiu como um líder capaz de prever curvas na estrada e vencer em áreas de risco.

Desenvolva continuamente seu mapa mental de mudanças em diversas indústrias

Durante o encontro anual de CEOs da Microsoft, eu estava sentado à mesa em um almoço com Warren Buffett e mais oito pessoas. No decorrer da conversa, as pessoas demonstraram curiosidade em relação ao que fazia que Buffett fosse tão sábio. O que descobri é que Buffett lê cerca de 500 transcrições de discursos de investidores por ano, em que eles expõem suas visões sobre sua empresa e indústria, além das expectativas para o futuro. A prática de Buffett é deixar as pessoas conduzirem os negócios individuais da Berkshire Hathaway. Ele procura mudanças, nas mais variadas indústrias, que possam levá-lo a mudar a alocação de recursos no portfólio. É por isso que ele é um grande investidor. Como pratica isso há décadas, sua acuidade para detectar sinais e catalisadores é excepcional – uma habilidade importantíssima, uma vez que seu portfólio de empresas abarca uma significativa parcela da economia nacional. Em minha opinião, não há ninguém melhor em termos de conhecimento do contexto externo do que Warren Buffett.

Considere quem poderia usar uma invenção, patente ou nova lei para criar uma curva na estrada

O inventor é motivado a fazer a diferença? Alguém mais usará a invenção? Quem tem o interesse e/ou os recursos para fazer alguma coisa com isso? O custo decorrente da capacidade crescente dos microprocessadores e o baixo custo da internet eram fatores isolados no início da década de 1990, mas Linus Torvalds viu uma forma de combiná-los e desenvolveu o Linux por meio de uma rede de sistemas abertos que requisitou a dedicação de programadores do mundo inteiro. Incentivando a criação da plataforma de software livre, ele foi o catalisador que mudou o destino de alguns produtores de softwares e hardwares particulares, como a IBM. A IBM o adotou, e outros sistemas abertos já são comuns hoje em dia.

Pergunte "Quais são as novidades?"

Quando as pessoas lhe perguntam "Quais são as novidades?", geralmente, é apenas para puxar conversa. Mas Jack Welch, CEO da GE de 1981 a 2001, queria realmente saber as novidades, e mostrava muito interesse quando encontrava algo novo. No início da década de 1990, eu vinha trabalhando com executivos da GE há mais de uma década.

Um dia, no Hyatt Regency em Nova Orleans, esbarrei com Welch no elevador. "Bom dia, Jack", falei. Ele olhou para mim com seu olhar penetrante e não disse nada. Repeti o cumprimento mais duas vezes, e também não obtive resposta. Comecei a ficar apreensivo. De repente, ele perguntou: "Quais são as novidades?". Respondi à pergunta com quatro palavras: "Zero capital de giro". Ele retrucou: "Você está tentando me vender serviços de consultoria? Maquiou os números?". Ele se mostrou cético, mas não indiferente. Quando a porta do elevador se abriu, ele me perguntou quem estava usando a estratégia. Respondi, então, contando detalhes sobre um CEO que estava utilizando a ferramenta para melhorar o uso de seu capital. Era uma vantagem competitiva, uma vez que a maioria das empresas de produção naquela época usava de 20 a 40 centavos de capital de giro para produzir um dólar de faturamento. O novo método liberava dinheiro para investir no crescimento, aumentando, ao mesmo tempo, a satisfação dos clientes, pois possibilitava a produção sob encomenda.

Welch chamou o CEO e levou um gerente com ele para saber os detalhes. Depois, enviou seus executivos à fábrica da outra empresa, para verificar se o sistema era real. E era. Welch, então, decidiu definir uma meta de zero capital de giro, iniciando um curso em Crotonville, o instituto de educação executiva da GE. Na época em que Welch se aposentou, o método tinha poupado muitos bilhões de dólares para a GE, que poderiam ser usados para financiar o crescimento.

Agora ensino a importância de perguntar "Quais são as novidades?" em programas executivos e no meu trabalho de *coach* com diretores. Recebo bastantes feedbacks atestando a eficácia dessa simples pergunta em termos de estimular novas maneiras de pensar, expandir a imaginação e conectar informações diversas.

Também adquiri o hábito diário de perguntar "Quais são as novidades?". Por exemplo: em uma recente conversa com um editor da *Harvard Business Review*, perguntei quais eram os novos assuntos pelos quais ele se interessava e quais representavam os maiores desafios. Quando ele mencionou robótica, pedi mais detalhes.

A resposta foi que ele não queria saber como a robótica substituirá a mão de obra, mas o que se apresenta no horizonte. Então, lembrei que Jeff Bezos, da Amazon, havia comprado recentemente uma empresa de robótica, um componente fundamental de seu modelo de negócios de entrega expressa de produtos, lembrando ainda que o Google investiu US$ 500 milhões na compra de uma empresa de satélites. Pouco tempo depois, li no *Economist* sobre a produção e lançamento de satélites mínimos – com menos de 30 centímetros –, que agora estavam em órbita terrestre baixa. Essas informações eram sementes que poderiam ser combinadas para criar curvas na estrada para várias indústrias, como a agrícola e de transportes. Compartilhei esse insight com pessoas de diversas áreas do mundo, gente que me perguntava a respeito de minhas observações. É importante ressaltar que essa via não é de mão única. Aprendi muito com as observações das pessoas também. Como encontro pessoas de diversas indústrias todos os dias, consigo desenvolver minha acuidade perceptiva com mais facilidade, enxergando as incertezas que estão se formando e as curvas da estrada que se aproximam.

Diferentes pessoas têm diferentes maneiras de perguntar "Quais são as novidades?". A pergunta habitual de Jeff Immelt é: "O que você acha?". Outro líder que conheço pergunta "Qual é a coisa mais difícil que você está vivenciando?". Uma forma mais longa, porém mais precisa, de iniciar uma conversa para saber quais são as novidades é perguntar quais práticas e premissas são comuns em nossa indústria. Esses pontos em comum constituem uma fonte de risco sistêmico. Um exemplo é a incrível similaridade das práticas de empréstimos hipotecários antes da crise financeira de 2008-2009, quando os padrões de créditos eram muito pouco estritos. O mercado imobiliário passou a ter um elevado nível de endividamento. Se você vir um acúmulo de qualquer tipo, considere o que pode ser um estopim. Forme cenários do que poderia acontecer e observe sinais de que algo já está acontecendo. Quem poderia ser o catalisador de uma mudança boa ou ruim?

RECORRA ÀS PESSOAS DE FORA PARA INTENSIFICAR SUA CAPACIDADE DE OBSERVAÇÃO

Recorra a terceiros para pesquisar na mídia do mundo inteiro e obter informações sobre tópicos fundamentais que estão surgindo e anomalias que estão desfazendo padrões. Por exemplo, uma empresa de alimentos ou de produtos agrícolas se interessaria por assuntos relacionados aos organismos geneticamente modificados (OGMs), o uso de conservantes e rotulagem natural. Uma sondagem ajuda a identificar os novos temas e padrões que estão se destacando. O número de referências na imprensa aos OGMs cresceu segundo um fator de 38 desde 1990, os conservantes, 8, e a rotulagem natural, 13. Em um segmento específico do negócio de alimentos há uma correlação direta entre a preocupação com os OGMs e a queda da demanda total por seus produtos nos Estados Unidos. Com base nessa observação, uma empresa poderia criar uma forma de lidar com a tendência de maneira defensiva ou ofensiva. Existem empresas que fornecem esses serviços.

OBSERVE O CENÁRIO SOCIAL

Preste bastante atenção nas mudanças da sociedade e nos novos comportamentos de consumo. As questões sociais são acompanhadas rapidamente pela mídia e, às vezes, seguidas de escrutínio ou regulamentação, ao entrarem na esfera política. Os ensaios clínicos tornaram-se um assunto de grande interesse na Índia em 2012, quando alguns líderes políticos notaram uma preocupação com o número de mortes entre as pessoas que participaram dos estudos experimentais, embora as causas não possam ser atribuídas diretamente aos medicamentos testados. Houve muita retórica, acusações de corrupção contra alguns médicos e até processo de interesse público por parte de alguns ativistas, que alegavam que empresas globais utilizavam indianos como cobaias. O debate público e político levou à promulgação de novas leis, mais rigorosas, em 2013, responsabilizando a empresa por *qualquer* dano ou morte que ocorresse durante os testes clínicos, independentemente da causa. A questão se agravou tanto que o governo se viu obrigado a intervir energicamente.

Nos Estados Unidos, a promulgação de leis pode ser um processo longo e laborioso, que começa com o trabalho árduo dos membros da equipe. Saber que assuntos estão sendo discutidos entre os membros da equipe e em diversos comitês governamentais pode ajudá-lo a se manter em estado de alerta. No caso de novos modelos de negócios, procure enxergar com os olhos de um banqueiro de investimentos e planejador estratégico. Leia os relatórios disponíveis ou jornais online para descobrir os modelos inovadores do momento, independentemente da indústria.

SEJA UM LEITOR VORAZ

Ao ler livros e publicações (como *Financial Times*, *New York Times*, *Wall Street Journal* e *Economist*), procure o que o surpreende, o que é fora do comum. Minha técnica é ler primeiro a coluna "Lex" na última página da primeira seção do *Financial Times*. Tendo lido essa coluna por mais de 30 anos, posso afirmar que ela é mito confiável em termos de fatos e informações. Geralmente há cinco itens. Leio a coluna "Lex" com curiosidade sobre o que é novo, o que eu não sabia, e o que pode ser o início de uma tendência. Pode acontecer de eu não encontrar nada por dias e semanas. Mas, quando encontro, reflito no que aquilo pode significar e para quem. Quem estará no ataque, quem estará na defensiva e por quê? Há algum agente de mudança aqui? Aplicar isso a tudo o que você lê aumentará sua capacidade de identificar sinais e catalisadores capazes de criar curvas na estrada. As reportagens especiais que saem a cada poucas semanas no *Economist* oferecem excelente pesquisa sobre assuntos atuais, de especialistas que têm acesso a uma grande variedade de fontes do mundo inteiro.

Aqui vai um exemplo recente de como uma indústria identificou um sinal e um catalisador, avaliando seu grande impacto. Em 2012, a indústria automobilística norte-americana estava se recuperando da crise financeira global. A economia nacional, aparentemente, já havia passado pela parte mais difícil, e a confiança do consumidor reavivada, além das baixas taxas de juros e a necessidade de substituir os antigos veículos, impulsionava as vendas. Diretores, investidores, fornecedores, concessionárias – todo mundo sabe que os maiores concorrentes das montadoras americanas são os japoneses –, portanto, os executivos costumam acompanhar de perto o que está acontecendo no Japão.

Eis o que eles descobriram: em dezembro de 2012, Shinzo Abe tornou-se primeiro-ministro e anunciou uma plataforma para reverter a deflação da economia japonesa. Abe chegou com uma forte convicção política para executar seu plano, porque o Japão já havia sofrido muito, faltando-lhe confiança após 15 anos de deflação e estagnação. Os líderes das montadoras americanas viram que Abe era um catalisador e procuraram identificar que tipo de mudança ele poderia promover no Japão. Não era difícil adivinhar que sua política econômica estava voltada para o aumento das exportações e uma diminuição drástica do valor do iene, de modo a fazer o país andar. Mas falar é fácil. Sair da retórica e partir para a ação é o que conta, seja qual for o cenário político. Até que veio outro catalisador: em fevereiro de 2013, Abe nomeou Haruhiko Kuroda como novo diretor do banco central do Japão. Em dois meses, Kuroda articulou e executou uma política para dar um novo valor ao iene, o que impulsionaria as exportações de produtos japoneses. Em cinco meses, o iene encontrou seu novo patamar, passando de 78 para 102 em relação ao dólar. O governo norte-americano acolheu a medida, e a partir de então o iene ficou próximo de 100.

Desde o momento em que Abe foi eleito com amplo apoio, os líderes das montadoras norte-americanas tinham menos de oito meses para refletir sobre os diversos cenários, rever seus planos e ensaiar o aumento da concorrência nos anos seguintes. Estava claro que algo aconteceria com o iene, e eles devem ter imaginado que ele despencaria, causando grandes implicações na luta por participação de mercado, por exemplo, ou na redução de preços para igualar-se aos concorrentes. O que os concorrentes do Japão fariam? O que, então, as montadoras norte-americanas deveriam fazer em relação à alocação de recursos e novos produtos? Eles devem ter avaliado todo o seu modelo de negócios, desde a precificação até o mix de produtos. Os fornecedores poderiam servir de alerta: eles saberiam se as montadoras japonesas estivessem se preparando para produzir novos modelos com maior valor agregado. Ou se os fornecedores solicitavam aumento na produção – o que significaria que os japoneses estavam se preparando para expandir sua participação de mercado. O que os líderes das montadoras americanas fizeram foi viajar para Washington com o objetivo de implorar aos líderes políticos para incluir em suas negociações comerciais uma regra estipulando que o Japão não tivesse permissão para manipular sua moeda (solicitação que não foi atendida). Para mim, esse é um exemplo claro de como a acuidade perceptiva, desenvolvida com a prática, pode ao menos lhe dar tempo para adaptar-se a uma mudança externa – nesse caso, desencadeada por uma mudança geopolítica.

***

NO PRÓXIMO CAPÍTULO, apresento três ferramentas que a Tata Communications adotou para desenvolver a acuidade perceptiva da equipe.

CAPÍTULO 8

COMO A TATA COMMUNICATIONS EXPANDE O HORIZONTE DE VISÃO DA EMPRESA

A acuidade perceptiva tem uma vantagem extra para indústrias como a de telecomunicações, em que tecnologia e modelos de negócios dinâmicos estão em constante fluxo; Vinod Kumar, diretor e CEO da Tata Communications, procurou institucionalizá-la. "Uma das coisas com as quais lidamos o tempo todo é a reconfiguração das cadeias de abastecimento e redistribuição de lucros entre os diversos envolvidos na cadeia", diz Kumar. "Só precisamos assegurar que estejamos do lado certo da equação de ganhar dinheiro." Ele sabe que não tem como fazer isso sem uma compreensão clara do todo e, portanto, começou a criar mecanismos para desenvolver a acuidade perceptiva da organização.

A empresa, pertencente ao Tata Group e com um faturamento de US$ 100 bilhões, oferece infraestrutura de comunicação, computação e consultoria a grandes companhias globais ao custo considerável de US$ 3 bilhões em renda anual. Seus cabos ópticos conectam continentes e são responsáveis por 20% dos roteadores do mundo. A empresa tem um centro de processamento de dados de quase cem mil metros quadrados, fornecendo 35% do tráfego telefônico de *roaming* do mundo. Seus clientes dividem-se em dois campos: companhias telefônicas e operadoras de telefonia móvel – as "Verizons" da vida – e multinacionais como a JPMorgan Chase, Pfizer e Aetna, que precisam interconectar seus diversos escritórios. A grande complexidade e incerteza que os clientes da Tata enfrentam derivam do alto índice de inovação e mudança em seu próprio contexto competitivo. Por isso, embora a empresa tivesse um ciclo de planejamento de três anos bastante rigoroso, um plano de prazo mais amplo em face dessa mudança parecia quase sem sentido.

Não obstante, no início de 2013, Kumar começou a pensar em expandir o horizonte. Decidiu ir além das premissas conservadoras básicas para ver como seria o mundo daqui a *dez* anos e que opções existiriam para o "crescimento não linear". Kumar reuniu sua equipe de líderes para fazer algumas projeções livres, sem levar em consideração os dados atuais, e a imagem a que eles chegaram ultrapassava bastante as ambições existentes. Continuar fazendo o que faziam não os levaria para onde eles imaginavam que poderiam estar. Kumar precisava direcionar a organização para um contexto mais amplo, de modo que a equipe pudesse identificar as oportunidades de crescimento específicas.

Era evidente que havia grande demanda para o tipo de serviço que a Tata oferece, mas essa informação em si não orienta muito. "Temos que lutar contra o rápido declínio de preços em muitos segmentos", explicou Kumar. "Portanto, fornecer serviços onde também podemos obter lucros requer um pensamento bastante prospectivo sobre o futuro do nosso negócio – de que tamanho seria, quais as oportunidades e quais os possíveis riscos." Os próprios clientes estavam enfrentando muitas mudanças em seu meio empresarial. Para criar os serviços de que eles precisavam, era necessário compreender o mundo onde eles viviam. "Acreditávamos na oportunidade de desempenhar um papel-chave, não apenas secundário. Sentimos que podíamos ajudar os clientes a terem sucesso com base nas mudanças que ocorriam, criando novos serviços de educação, mídia e entretenimento, por exemplo", explicou Kumar.

Kumar também acreditava que expandir a visão ajudaria a empresa a aproveitar alguns novos modelos de negócios de fora da indústria. "Mesmo se você estiver na nossa área de telecomunicações, falar com pessoas experientes de outras indústrias, como a farmacêutica, invariavelmente gera ideias que podemos pegar emprestado, por exemplo, em termos de como organizar uma cadeia de suprimentos. Muitas conversas não levam a lugar nenhum, mas não há tempo desperdiçado, pelas pérolas que geram ideias inovadoras. São poucas as conversas que não nos trarão algo relevante para nosso negócio." Criar indústrias ou segmentos totalmente novos não estavam fora de questão. "Se conseguíssemos ligar os pontos que começavam a aparecer, poderíamos criar subindústrias completamente novas ou até mesmo novas indústrias com o tempo. Não sabíamos ainda que indústrias eram essas."

Como indivíduos de qualquer área, os líderes da Tata estavam absorvidos pelo desempenho operacional e pelo aprimoramento da produtividade e da eficiência. Eles trabalhavam com o que Kumar gostava de chamar de fervor religioso, para acompanhar os novos desenvolvimentos em suas funções ou áreas técnicas em face da vida útil cada vez mais curta da tecnologia e da concorrência implacável. Para alcançar uma posição mais elevada e criar uma cultura de curiosidade intelectual, aprendizado e exploração, Kumar tomou três medidas específicas: solicitou que seus líderes tivessem aulas numa organização de ensino renomada, criou equipes de voluntários para projetos exploratórios batizados de "Caminhadas na Lua", e desenvolveu sessões de treinamento para estimular a criatividade.

No início de novembro de 2013, Kumar e um grupo de cinquenta e poucos líderes embarcaram para São Francisco. O destino era a Singularity University, instituto fundado no Vale do Silício em 2009 por dois tecnólogos – Peter Diamandis, empreendedor social conhecido por fundar a X Prize Foundation, e Ray Kurzweil, futurista e empresário –, para ajudar líderes e especialistas de diversos campos a determinarem, em sessões de *brainstorming*, como utilizar a tecnologia em prol da sociedade. O objetivo todo da universidade é o que eles chamam de "pensamento exponencial". Para alcançá-lo, eles estabeleceram um padrão excessivamente alto, visando, por exemplo, produzir uma vacina contra a malária que custasse um centavo por dose, ou uma solução para um problema que afeta a vida de bilhões de pessoas. Acreditando que a convergência de diferentes tecnologias pode gerar resultados inesperados, mas poderosos, a universidade é composta de especialistas de diversas áreas, como neurociência, nanotecnologia e robótica.

Considerando o interesse mútuo pela convergência tecnológica, Kumar chegou à conclusão de que um programa executivo na Singularity seria uma boa forma de quebrar as barreiras da mente criadas pela labuta diária. Junto com ele no programa personalizado de uma semana estava o pessoal da Tata Communications, profissionais do mundo inteiro e de diferentes funções, além de outros das áreas de recursos humanos, desenvolvimento de produtos, vendas e marketing.

O programa era de imersão, ou seja, o grupo ia de um lugar para o outro, assistindo às aulas e participando de workshops. Grandes líderes de pensamento do mundo inteiro e líderes tecnológicos do Vale do Silício fizeram apresentações de três ou quatro horas, sobre temas como inteligência artificial, aprendizagem automática, internet da próxima geração, carros autônomos, impressão 3D para o setor de saúde, produção e tecnologia de aviões teleguiados. Palestras de ex--agentes do FBI sobre segurança digital e armas de última geração foram complementadas por discussões sobre ética e moralidade tecnológica, com perguntas provocativas como: "O que acontecerá quando um revólver puder ser produzido com uma impressora 3D por um visitante em um país estrangeiro?".

Aos poucos, as pessoas começaram a se envolver e se abrir, fazendo conexões entre tendências díspares (embora nem todo mundo). Kumar tentou preparar o grupo para a sessão na Singularity convidando pessoas de fora para falar com eles. O entusiasmo tomou conta desses encontros antes da viagem a São Francisco. "Quando você começa esse tipo de jornada, cerca de um terço das pessoas tem curiosidade intelectual e entende", explicou Kumar. "As pessoas dizem: 'Talvez esteja acontecendo algo aqui'. Outro terço diz: 'Ok, confiamos em você o suficiente para acreditar que possa haver algum mérito nisso. Vamos manter a cabeça aberta'. Outro terço, porém, se fecha: 'Olha, tenho problemas reais para resolver. Preciso bater metas. Tenho que arrecadar fundos para um projeto'. É como se eles construíssem uma barreira."

Kumar não insistiu com os mais resistentes. "Não quis convencer as pessoas de que isso era importante. Planejei os encontros, e as pessoas compareceram. Cerca de um terço dos presentes saiu da Singularity University dizendo que não sabia se aquilo havia sido importante para nós ou não, mas 100% dos participantes declararam que a experiência abriu seus olhos para algo que eles não conheciam. Esse resultado foi surpreendente e muito gratificante para mim. Algumas pessoas disseram, por exemplo, que, com toda essa nova tecnologia e a velocidade das inovações, elas precisavam conversar com os filhos sobre como aquilo afeta sua vida e o que deveriam estudar."

Depois do encontro na Singularity, Kumar desejava despertar a curiosidade em um grupo maior de líderes e aproveitou um mecanismo existente. Por vários anos, a Tata Communications utilizava equipes interfuncionais para solucionar problemas operacionais em 120 dias. Esse método tinha se mostrado eficaz em termos de melhorias internas e identificação de talentos. Em 2013, ocorreu a Kumar que a mesma técnica poderia ser usada para ampliar a visão das pessoas. Kumar escolheu cinco tópicos – como inteligência artificial e aprendizagem automática, cuidados de saúde e biotecnologia, impressão 3D e energia alternativa –, designando um líder para cada tópico. O líder deveria formar uma equipe interfuncional de 10 ou 20 voluntários da gerência de nível médio ou alta direção. A missão era aberta, mas clara: aprender sobre o assunto. As equipes podiam fazer isso do jeito que quisessem – assistindo às aulas, realizando pesquisa online ou conversando com professores ou pessoas de outras empresas. Kumar explicou que o objetivo era simplesmente explorar o assunto: "Não há necessidade de identificar as implicações para nós como empresa. Tudo o que vocês têm de fazer é informar-se sobre o que está acontecendo. Quais são as últimas tecnologias, quais são as tendências, quem são os novos protagonistas do mercado?". Após 120 dias, as equipes deveriam apresentar um trabalho que capturasse a essência do aprendizado e pudesse ser compartilhado com as 200 pessoas de mais alto cargo da empresa.

Kumar, inicialmente, batizou o exercício de "Uma olhada no futuro", mas logo mudou para "Caminhadas na Lua". "Eu queria sutilmente dizer que o projeto é exploratório. Vamos caminhar em novos terrenos e, se tudo der certo, encontrar algumas pepitas preciosas." O entusiasmo pelas Caminhadas na Lua aumentou, principalmente entre os gerentes de nível médio. Esse interesse incentivou os líderes a arranjar algumas horas por semana para manter o projeto em funcionamento. E também estimulou Kumar a montar outras equipes no momento em que o primeiro grupo se aproximava do final da missão. "Não tenho dúvida de que as pessoas enxergarão o que estudaram de um ângulo totalmente diferente do que elas enxergavam antes. A ideia é recuperar o interesse pelo aprendizado e reorientar as pessoas, não só para nossa indústria ou concorrência, mas para outras coisas que estão acontecendo lá fora. Estou confiante de que ganharemos muito com isso."

A terceira iniciativa da Tata em 2013 foi o lançamento de um curso de treinamento mais formalizado, ministrado pela equipe de liderança utilizando o método de estudo de caso. O próprio Kumar ensina um módulo sobre os aspectos mais básicos do pensamento criativo, inovação e orientação externa. Um exercício que ele realiza é pegar um modelo de negócios, ou prática de outra indústria, e definir, em sessões de *brainstorming*, como aplicá-lo em nossa própria indústria. Na maioria das vezes, não gera nenhum grande resultado, diz Kumar, mas ele considera importante assumir outros pontos de vista, porque "treina a mente a sair da armadilha do pensamento linear".

***

SEJA QUAL FOR A FERRAMENTA que você use para desenvolver a acuidade perceptiva, tenha em mente que enxergar o mundo com uma visão mais ampla não é só um exercício acadêmico. Você precisa valer-se de suas observações para definir um curso para sua organização e conduzi-la através das mudanças detectadas. Os próximos três capítulos o ajudarão a definir seu caminho.

✓ Checklist da parte II

Avalie a si mesmo em uma escala de 1 a 10:

- ✓ Você costuma identificar irregularidades, contradições e novas tendências conversando com pessoas e lendo jornais e revistas?
- ✓ Você expandiu suas redes de informação ultimamente, indo além de sua indústria, país e zona de conforto, para ampliar sua visão e enxergar com os olhos dos outros?
- ✓ Você tem o hábito de reunir suas observações sobre o cenário externo e explorar os possíveis impactos de fatores externos sobre sua indústria? Você está dedicando tempo e atenção suficiente a isto?
- ✓ Você identificou catalisadores cujas atividades deve acompanhar? Você identificou as "sementes" que um catalisador pode utilizar? Você identificou as barreiras que um catalisador terá de transpor para progredir?
- ✓ Você tem uma metodologia para aprimorar sua acuidade perceptiva, como formular hipóteses sobre uma possível nova tendência ou ações de um catalisador, revendo suas previsões mais tarde para determinar seu nível de precisão?
- ✓ Você incentiva e valoriza a acuidade perceptiva de seus subordinados?
- ✓ Que ferramentas específicas você está usando para aperfeiçoar sua acuidade perceptiva e a acuidade perceptiva de seus subordinados? Você desenvolveu uma ferramenta nova?

PARTE III

PARTINDO PARA O ATAQUE

Capítulo 9

Definindo o caminho

Imagine uma estrada que vai até onde a vista alcança. Sim, com subidas, curvas e irregularidades, mas você tem uma boa ideia da direção que está tomando. Essa é a vida na era das competências específicas. Agora imagine que a estrada tem uma virada brusca e se ramifica em uma série de direções. Que direção tomar? Haverá barreiras e ruas sem saída? Esse é o novo mundo da liderança em um contexto de incerteza.

Recorrer à vantagem de quem ataca não é o mesmo que procurar novas formas de utilizar suas competências específicas. Ao contrário, é um processo que começa com esta pergunta central: "Que novos desenvolvimentos posso aproveitar para criar uma nova necessidade ou oferecer ao cliente uma experiência mais gratificante?". Duas coisas aumentarão bastante sua capacidade de encontrar um caminho em meio à incerteza: foco concentrado na experiência de consumo de ponta a ponta e conhecimento prático de digitalização e *analytics*[7].

A transição para um novo caminho apresenta desafios específicos, mas você não pode deixar que eles o impeçam de definir aonde você precisa ir. Partir para o ataque já não é uma medida opcional, por um simples motivo: ficar na defensiva somente significa regredir. Entregar o resultado financeiro de curto prazo da empresa e gerar caixa pode ser um tiro que sai pela culatra, a menos que você encontre um novo caminho. Acionistas atuantes conseguem identificar companhias que podem desfazer-se de um negócio ou parte de um negócio que não está crescendo, que não está rendendo o investimento ou é mais valioso para outra companhia. Você pode tentar combater esses acionistas ou defender-se deles. Se você não tiver a mentalidade de buscar novas oportunidades, desfazer-se de um negócio só fará com que a empresa se torne um alvo maior para aquisição de controle.

Essa é a situação em que se encontra a "Trico", uma grande produtora, com negócios em três indústrias diferentes. Para conseguir sair da condição de baixa margem de lucro e elevada intensidade de capital, a diretoria recomendou uma análise rigorosa do portfólio. A primeira a ser deixada foi uma grande divisão que representava 15% da renda total. A divisão consumia muito caixa e tinha um crescimento quase nulo. Foi vendida para uma empresa de investimentos privada. Isso deixou o negócio principal e uma unidade menor em um nicho especializado. Os ativistas começaram a pressionar a empresa para vender a unidade menor, que tinha um bom faturamento, estava crescendo e produzia caixa, mas, segundo argumentos, teria mais valor para outra pessoa. Logo foi para leilão também. Enquanto isso, o negócio principal estava enfrentando um momento intenso de corte de custos, racionamento e expansão geográfica. Ainda não se havia estabelecido um novo caminho de crescimento. A empresa havia reduzido a intensidade de capital e gerava caixa, tornando-se um atraente alvo de aquisição.

Compare a postura defensiva da Trico com a da Adobe, a fabricante de softwares como Photoshop e Adobe Reader, cujo presidente e CEO, Shantanu Narayen, observou o que considerou uma incerteza estrutural no horizonte e partiu para o ataque. Na primeira década do novo milênio, a computação em nuvem estava surgindo e não era amplamente adotada, mas Narayen viu a possibilidade de poupar os usuários de adquirirem equipamentos e aplicativos caros. Bastava alugar a capacidade computacional necessária. A computação em nuvem se estabeleceria? Narayen achava que sim, pois o desejo de baixar os custos fixos a tornaria atraente para os usuários. Se isso acontecesse, o modelo de negócios da Adobe, de licenciar um pacote de software via download, ficaria defasado em relação à direção que o mundo digital estava tomando. Narayen, então, começou a pensar em como reposicionar a Adobe nessa nossa era "pague pelo que consumir". Os clientes não iam mais querer licenças de produtos, ponderou Narayen. Eles pagariam por uma assinatura e usariam o produto no Cloud.

A perspectiva de um novo modelo de negócios trouxe questões e desafios. Como seria impossível manter duas bases de código isoladas, a existente e a que funcionaria no Cloud, Narayen teria que decidir onde focar a energia e os recursos da empresa. Mudar de direção acarretaria sérias consequências. Primeiro, o faturamento total diminuiria temporariamente, porque a empresa teria que investir dinheiro no desenvolvimento de novos recursos técnicos. Depois, mudar para a nuvem certamente incomodaria alguns membros da alta administração e o conselho diretor, que depositavam total confiança no modelo antigo. Os clientes também sofreriam por um tempo. Evidentemente, os investidores veriam tudo isso e ficariam bastante preocupados ou até descrentes da direção tomada pela Adobe.

No final, a decisão de agir rápido e antes das outras empresas, reposicionando a Adobe no contexto da computação em nuvem, preponderou frente à opção de esperar por uma mudança massiva da indústria. Narayen apostou no Cloud e ajudou sua equipe a entender a urgência da medida. A transição não foi fácil, mas, quando a Adobe lançou seus produtos com base na nuvem, o mercado respondeu muito melhor do que o esperado, e como a Adobe saiu na frente, a empresa foi capaz de adquirir companhias menores com os recursos de que precisava antes que os preços subissem. Os investidores, desde então, recompensam a Adobe pelo movimento ofensivo.

Já enfatizei anteriormente a importância de ser ágil e estar disposto a mudar. Talvez você tenha que mudar mais de uma vez, se o caminho escolhido inicialmente for errado. Mas você não pode ficar mudando o tempo todo, porque não estamos falando de uma simples readaptação. Muitas áreas da organização e parceiros de seu ecossistema precisam estar alinhados com sua direção estratégica. Os zigue-zagues criam confusão e abalam a confiança de pessoas importantes.

No Yahoo, por exemplo, três CEOs seguidos – Terry Semel, Jerry Yang e Carol Bartz – escolheram um caminho que não deu em lugar nenhum. O conselho diretor tinha esperança de que Semel transformasse o Yahoo numa máquina de fazer dinheiro. Em uma reunião de que participei em Nova York na época em que Semel foi admitido em 2001, Jerry Yang, um dos fundadores que ficaria no conselho até 2012, disse que levou dois anos para Semel desistir de seu cargo de *chairman* e co-CEO da Warner Bros. e se juntar ao Yahoo. Semel posicionou a empresa para faturar com propaganda, mas o aumento inicial das vendas logo perdeu a força. Yang assumiu o cargo, mas gastou grande parte de sua energia combatendo uma tentativa hostil de aquisição por parte da Microsoft, que oferecia muito pouco pelo Yahoo. A compra fracassada aumentou a pressão dos investidores. Com a queda no preço das ações, os profissionais começaram a ir embora. Os diretores decidiram encontrar um novo CEO que fosse capaz de definir o caminho e calar os mais céticos. Escolheram Carol Bartz, a determinada ex-CEO da Autodesk, que entrou focando em redução de custos e fechando um acordo de divisão de receita para usar o motor de busca da Microsoft, compartilhando a própria tecnologia de busca do Yahoo. Os investidores não compraram a ideia, e mais gente saiu, inclusive um especialista-chave em motores de busca. Na época em que o Yahoo contratou Marissa Mayer, executiva muito badalada vinda do Google, para ocupar o cargo de CEO em 2012, a empresa já havia perdido terreno para a concorrência, num mercado em rápida transformação. A organização foi seriamente desmoralizada. É muito difícil para um CEO traçar um caminho em um período tão curto de tempo. Mayer foi ousada em suas decisões e tem caixa de reserva pela aquisição de ações da Alibaba, mas a questão ainda está em aberto. As frequentes mudanças de direção minaram a credibilidade dentro e fora da empresa.

A CHAVE ESTÁ NAS MÃOS DOS CLIENTES

Big data e algoritmos não podem substituir completamente o sentimento intuitivo em relação aos clientes, atributo do qual muitos líderes carecem. Não raro outras habilidades e características rendem os maiores cargos, e o que vemos são equipes de alta administração totalmente desconectadas das pessoas que usam ou consomem seus produtos ou serviços.

Em algumas empresas, a promoção é baseada em expertise financeira, não tanto em experiência na linha de operação, e demandas imediatas geralmente consomem o tempo que poderia ser usado para desenvolver uma relação com os clientes. Agregar métricas e indicadores é útil para fins de controle, mas não serve para compreender e reconceituar a experiência de consumo ou definir opções e escolher um caminho a seguir. O *big data* pode segregar os comportamentos de compra, por exemplo, mas não é capaz de nos mostrar como segmentar mercados e em quais mercados investir. A mente humana ainda é insuperável em fazer conexões para gerar hipóteses que podem ser testadas e, em muitos casos, servirem como base para a decisão final – ou em lidar com situações específicas.

O ultrassofisticado sistema de navegação e otimização integrada *on-road* da UPS (Orion, do termo em inglês *On-Road Integrated Optimization and Navigation*) utiliza sensores de veículos, mapeamento via satélite, e avançados algoritmos com 80 páginas de códigos, para recomendar as melhoras rotas em meio a milhares de opções. Mesmo assim, ainda existem ocasiões em que os motoristas podem andar mais do que o necessário. Jack Levis, responsável pelo desenvolvimento do sistema, diz: "Se o modelo o levar a fazer algo que não atende a demanda do cliente, faça o que é certo"[8].

A atração por algo mais novo, melhor ou mais barato é, em última instância, o que redefine os mercados e indústrias, abalando a estrutura das empresas. "Melhor" não significa apenas melhor do que o que você oferecia antes, mas algo que excede outras opções disponíveis. Definir o caminho significa descobrir o que está faltando na experiência de consumo – ou o que poderia ser uma nova experiência maravilhosa –, determinando como preencher essa lacuna. O interessante é que as necessidades dos clientes mudam mais rápido do que nunca, com a possibilidade de compartilhamento online imediato, graças à tecnologia. Ao mesmo tempo, inovações e desenvolvimentos tecnológicos surgem com a mesma velocidade, gerando novos meios de atender às necessidades emergentes. Os momentos "eureca" decorrem da observação do meio externo e do consumidor, e da definição de conveniência e custo do ponto de vista do cliente, utilizando a tecnologia de alguma forma.

Para compreender as novas necessidades do consumidor e encontrar soluções, é necessário ter um pensamento comercial holístico, jogando com as diversas combinações de possibilidades até algo fazer sentido. O insight pode vir de uma discussão de grupo ou simplesmente um dia ao acordar de manhã. Isso é o que o coloca no ataque.

No verão de 2014, Harvey Koeppel, ex-CIO do grupo de consumo global Citigroup, me contou como a ideia do banco móvel foi criada. Em 2003, ele estava visitando uma marca recém-criada em Mumbai altamente tecnológica, verificando que os clientes a adoravam. Naquela noite, em um longo jantar com o diretor do Citigroup na Índia, Koeppel estava brincando com o BlackBerry quando uma ideia lhe veio à mente. Ele se virou para o gerente indiano e perguntou: "Você gostaria de ter a marca Citigroup em um aparelho BlackBerry?". O gerente respondeu: "Sério? É possível fazer isso?". Koeppel garantiu que sim e começou a esboçar o aplicativo num guardanapo. O empreendimento foi aprovado pelo escritório central, e o aplicativo foi lançado em três meses. Foi a primeira vez que um banco entrou no mercado de banco móvel.

Não temos como desenvolver uma compreensão intuitiva dos clientes sem observação direta. Mesmo como CEO do Walmart, Sam Walton caminhava pelas lojas. Inúmeros outros CEOs fazem o mesmo. A empatia de Steve Jobs e Jeff Bezos em relação aos clientes, desenvolvida pela observação atenta, é lendária. Considere outro exemplo, do indiano Kishore Biyani, fundador e diretor do muito bem-sucedido Future Group, sediado em Mumbai, com negócios em varejo, gestão de marcas, imóveis e logística. A empresa originalmente era de varejo, começando com a Pantaloons, uma cadeia de lojas de departamentos, e a Big Bazaar, a principal cadeia de supermercados do país, considerada o Walmart da Índia. Biyani recorre a uma grande quantidade de análises para determinar em que mercados e categorias entrar e de quais sair, mas, mesmo em sua posição privilegiada, ele leva tempo para conhecer o consumidor, e esta é uma prioridade da organização. "Vou para a fábrica duas vezes por semana e costumo levar pessoas comigo", diz Biyani. "Aonde vamos, encontramos pessoas. Quando vamos às lojas, observamos os clientes, o que eles estão colocando no carrinho, quem está tomando a decisão de compra, como eles se vestem, como se comportam. Tentamos correlacionar nossas observações com o que desenvolvemos nessa comunidade."

"Na nossa área, as coisas mudam rapidamente. Novos produtos são criados e lançados o tempo todo. Precisamos estar em contato com o que está acontecendo à nossa volta na sociedade e entender o que influencia isso. Depois, então, trabalhamos com os dados."

Lojas de vendas a varejo normalmente atendem a diversos grupos, e a equipe do Future Group realiza um intensivo trabalho de pesquisa para entender as identidades particulares de cada um desses grupos – não apenas sua renda, mas fatores como diferenças linguísticas e religiosas, procurando saber se eles são imigrantes de outros estados da Índia, não imigrantes, profissionais etc. A equipe prepara relatórios detalhados que demonstram por que as pessoas se comportam de determinada maneira, se elas poderiam mudar e se aceitariam bem algo novo.

Há sempre uma observação humana por trás da análise. No final de 2013, Biyani reparou que as meninas de alguns vilarejos locais iam para o templo de jeans, o que sempre havia sido um tabu. Biyani viu essa mudança como um sinal de duas coisas: maior receptividade em relação ao vestuário ocidental e mais respeito pelas meninas. "Se essa mudança é aceita hoje em dia, outras mudanças devem estar a caminho", concluiu Biyani. "A sociedade está mudando, e a família está permitindo isso." Essa observação tinha implicações comerciais. Significava que as meninas e os jovens em geral poderiam estar mais envolvidos nas decisões de compra. Para se preparar para esse cenário, Biyani começou a reconfigurar a empresa de modo a incluir mais jovens, mais mulheres e mais pessoas que entendem de diversidade. "Em 2015, teremos uma organização diferente", disse o indiano. A principal lição é que pequenas diferenças no comportamento dos consumidores existem em quase todos os lugares. Precisamos é estar atentos. Biyani resume a ideia da seguinte maneira: "Meu trabalho é tomar decisões. Se eu não entender os consumidores, a organização não vai a lugar nenhum".

Se você for um líder de nível médio, deve ter o tipo de exposição aos clientes que o ajudará a desenvolver sua intuição – mas você pode perder a motivação se tiver sido condicionado por toda uma carreira de avaliações, com um gestor obcecado por resultados financeiros e ideias vetadas se não forem respaldadas por números. Não deixe isso acontecer. Visite os clientes com frequência, faça suas próprias observações e veja de que maneira ocorrem as mudanças de necessidade. Desse modo, você desenvolverá seu senso intuitivo da evolução da demanda em comparação com o contexto mais amplo das mudanças externas, como mudanças regulatórias, geopolíticas, sociais ou tecnológicas. Foque, sobretudo, os problemas pontuais dos clientes e determine como solucioná-los.

O novo desafio, em suma, é unir intuição com conhecimento de digitalização para transformar a experiência de consumo. Sua empresa está em contato com o consumidor de muitas maneiras, antes e depois da venda. Como a tecnologia, em sua definição mais ampla, pode melhorar a experiência de consumo de ponta a ponta? A Amazon.com é um bom exemplo – mas se lembre de que tudo começou com o entusiasmo pessoal de Jeff Bezos em criar melhores experiências de consumo. Bezos conheceu, no início da carreira, um matemático brilhante chamado David E. Shaw, dono de uma empresa de investimentos, a D. E. Shaw, baseada em algoritmos que ele havia desenvolvido. O empresário norte-americano foi capaz de unir esse poder com o desejo por uma experiência de compra mais eficiente. Desde então, ele vive procurando formas de aprimorar e ampliar o serviço, sempre trabalhando de trás para a frente, ou seja, da experiência de consumo aos sensores, algoritmos e softwares necessários para criar a experiência.

Nascido e renascido digital

Empresas como a Amazon.com, que nasceram digitais, não precisam enfrentar muita burocracia para serem centradas no consumidor, nem precisam integrar tecnologia em suas operações. Elas surgiram da combinação de novas capacidades tecnológicas com a perspicácia de líderes em relação a algo que os consumidores precisavam, mas estava faltando. O WhatsApp, comprado pelo Facebook por US$ 19 bilhões em fevereiro de 2014, por exemplo, atendeu à necessidade de mensagem instantânea com proteção da privacidade do usuário. Os produtos mais bem-sucedidos dessa geração digital podem crescer com uma velocidade incrível. Há capital disponível para investir neles, e seus modelos de negócios são simples em termos de intensidade de capital e custo. O WhatsApp tinha menos de 50 empregados quando foi adquirido.

Adaptar-se à digitalização (não estou nem falando de aproveitar seus benefícios) já é outra história para empresas antigas. Grandes corporações têm dezenas ou centenas de milhares de empregados, além de investirem pesado em fábricas e equipamentos. Seus investimentos em tecnologia aprimoram ou substituem atividades físicas, mas a digitalização raramente é uma prioridade, o que constitui um grande empecilho para o ataque, deixando espaço para empresas digitais de nascença entrarem e usarem novos recursos como o Cloud, softwares avançados, algoritmos e *big data*. O objetivo é melhorar a experiência de consumo, e as empresas digitais acabam ameaçando segmentos de alta margem de lucro.

As empresas antigas precisam pensar em como aproveitar a digitalização em qualquer uma de suas formas, para obter mais informações sobre o consumidor e criar melhores experiências. Como diz Steve Bolze, da GE: "Todos nós como líderes precisamos nos atualizar em relação a *big data* e *analytics*, aprendendo como utilizar esses recursos. Todo mundo precisa voltar para a escola, por assim dizer". (Ele fez isso passando um tempo na unidade de internet industrial da GE, em San Ramon, Califórnia.) Ao considerar as possibilidades, não tente definir imediatamente como sua empresa fará a transição para uma nova trajetória ou os investimentos necessários. Pense primeiro como a digitalização pode ajudá-lo a criar algo novo e interessante, mantendo o foco no cliente.

As empresas podem renascer digitais se os líderes tiverem uma mentalidade ofensiva e a coragem para adentrar territórios inexplorados. Considere a direção que a Macy's está tomando para se tornar uma varejista *omni-channel* (isto é, loja física, online e via dispositivo móvel). A empresa tem investido em tecnologia nos últimos cinco anos para aprimorar a experiência de compra e saber mais sobre seus clientes. Seu caminho baseia-se nos recursos tecnológicos existentes e na compreensão de que os clientes utilizam diversos meios para procurar, comparar, comprar e devolver produtos. Uma mulher pode comparar vestidos na internet, experimentar algum em uma loja física, fazer o pedido online e devolvê-lo pessoalmente, por exemplo. Em muitos casos, ela talvez prefira que entreguem o produto em casa. Um pedido pode chegar em quatro horas, dependendo do acordo. Citada na *Advertising Age*, a CFO Karen Hoguet diz: "Não é só que os clientes querem receber o produto na hora. O importante é estar na vanguarda da tecnologia". Por exemplo, alguns produtos têm dispositivos de rastreamento por frequência de rádio que fornecem informações capazes de ajudar a melhorar a exibição e as vendas. A Macy's também está testando tecnologias baseadas na localização para enviar ofertas aos consumidores enquanto eles estão comprando nas lojas. Será que os varejistas podem continuar trabalhando só da maneira tradicional? Alguns continuarão, embora readaptados, mas essa deve ser uma escolha calculada e não uma posição passiva por falta de conhecimento ou coragem de agir.

Seja decisivo ao resolver fazer a mudança. Se você vacilar, um concorrente se aproveitará rapidamente de seus segmentos mais lucrativos, e seu declínio será igualmente rápido, porque o sistema circulatório – isto é, o dinheiro – fica bloqueado e a perda dos clientes é acelerada.

UTILIZANDO A MATEMÁTICA DE MANEIRA OFENSIVA NA ÁREA DE SAÚDE

Líderes que estão no ataque encontram formas de suas empresas renascerem digitais quando a oportunidade se apresenta. No setor de saúde, o Affordable Care Act está acelerando bastante as tendências existentes, causando incertezas em toda a cadeia da deficiente indústria norte-americana de saúde de US$ 2 trilhões – e grandes oportunidades para quem souber se adaptar. Cada envolvido – desde os médicos generalistas e provedores de cuidados de saúde, como hospitais e clínicas, até corretores de planos de saúde e profissionais de TI – será afetado. Por exemplo, os provedores de cuidados de saúde que recebem um valor fixo para administrar a saúde do paciente acabarão administrando o risco, não a companhia de seguros – uma grande mudança estrutural que redefinirá a própria existência das seguradoras. Da mesma forma, os provedores têm recebido com base nos serviços oferecidos. O modelo de pagamento por serviço mudará para alguma forma de preço fixo ou contrato por paciente ou grupo. O resultado provável é um sistema de saúde muito mais eficaz e eficiente, no qual os pacientes terão cada vez mais autonomia para fazer suas escolhas. Aliás, o ato deverá impulsionar grande parte das medidas defendidas em vão há tanto tempo pelos reformadores – concretizando-se não por um decreto, mas com base em princípios de mercado sólidos.

Empresas que estão fazendo uso ativo da matemática ajudarão a realizar a transformação do setor em vez de se tornarem vítimas dela. Uma unidade da Novartis, por exemplo, está trabalhando em parceria com o Google para desenvolver uma lente de contato que pode ser usada para monitorar a saúde da pessoa. Outras empresas estão testando o mesmo com pulseiras, smartphones e outras formas de tecnologia portátil que monitoram a saúde como parte do cuidado preventivo.

A UnityPoint Health, sediada em Des Moines, Iowa, está desenvolvendo um novo modelo de negócio bastante criativo, com base na matemática. Um paciente da UnityPoint estabelece um relacionamento específico com uma equipe de provedores de saúde liderada por um médico, com acesso 24 horas por dia, sete dias por semana. O relacionamento baseia-se na confiança e na capacidade de comunicação, e o enfermeiro é um ponto de contato crucial. A empresa está investindo talento e fundos para desenvolver uma infraestrutura de digitalização, algoritmos e softwares que integre aspectos da saúde do paciente decorridos de diversos departamentos: patologia, ressonância magnética etc. A centralização de dados pode ajudar a UnityPoint a melhorar o tratamento terapêutico. O enfermeiro e outros provedores têm acesso imediato às informações do paciente e outras fontes, inclusive a adesão ao tratamento e o progresso. Simultaneamente, a empresa está investindo na capacitação dos enfermeiros para administrar o contrato de preço fixo que o paciente tem com ela. Bill Leaver, CEO da UnityPoint Health, chega a prever um futuro movido por informações, em que os pacientes nem sempre precisarão ir ao consultório para serem tratados.

***

ATÉ OS MAIORES pensadores estratégicos podem ser fracos em termos ofensivos se carecerem de coragem para seguir em frente em meio à incerteza. O próximo capítulo o ajudará a ver que bloqueios psicológicos podem estar impedindo-o de avançar.

Capítulo 10

Mentalidade ofensiva

Além da ginástica mental descrita no capítulo anterior, a definição de um caminho claro em meio à incerteza inclui um componente psicológico. Sua capacidade de tolerar instabilidade e situações de risco será testada, porque o ataque quase sempre requer movimento antes de se ter uma visão clara de todos os fatores dos quais depende seu sucesso. Você precisa estar disposto a se comprometer com um novo caminho, mesmo quando algumas coisas ainda estão confusas, sabendo que você pode fazer adaptações no decorrer do processo. Essa é a mentalidade ofensiva para seguir em frente e criar incerteza para os outros.

Como CEO da Thomson Corporation (atual Thomson Reuters), Dick Harrington era um pensador com bastante perspicácia para perceber sinais sobre o mundo externo. Harrington tinha o hábito de conversar com muitas pessoas, algumas de dentro da empresa, outras não, e fazer muitas perguntas. No final da década de 1990, ele e dois homens com quem ele vinha se aconselhando – John Doty, conselheiro de confiança da família Thomson, e Geoff Beattie, que administrava o fundo da família a que pertencia a Thomson Corporation – repararam em um par de tendências começando a se formar. Pensando em como essas tendências poderiam influenciar o negócio da Thomson como editora de jornais regionais e diários especializados nos Estados Unidos e Canadá, Harrington ficou preocupado.

Os navegadores foram desenvolvidos rapidamente na década de 1990 e, em meados da década, já dominavam a internet, facilitando e aumentando o uso por leigos. De 1995 a 1998, a porcentagem de adultos norte-americanos que utilizavam a internet saltou de 10% para 36%. Será que as pessoas realmente parariam de ler revistas e jornais impressos? Ninguém sabia ao certo, ou até que ponto. Mesmo que continuassem lendo, e quanto ao suporte do modelo de negócios da Thomson? A maior parte da receita vinha da venda de anúncios classificados e propagandas. Será que os anúncios classificados, responsáveis por metade do faturamento da Thomson, poderiam migrar para a internet? Ao mesmo tempo, o cenário de varejo estava mudando. Cadeias nacionais, como a Gap e a Target, estavam focando nas lojas de departamentos locais, e, para reduzir custos, as unidades regionais estavam diminuindo o orçamento de anúncios em jornais. As cadeias nacionais não estavam exatamente preenchendo a lacuna. Elas preferiam inserir circulares nos jornais em vez de publicar anúncios, e isso era menos lucrativo para a Thomson.

A Thomson ainda mantinha a estabilidade, o lucro e o desempenho quando Harrington chegou à conclusão de que as forças que afetavam suas fontes de renda não mudariam. E, embora outras empresas de mídia lamentassem as mudanças do setor, Harrington decidiu partir para o ataque. A ideia era combinar potencialidades para que a Thomson pudesse criar valor expandindo para o mercado de serviços de informação eletrônica, utilizando as publicações da empresa como base. Com nuvens carregadas ainda longe no horizonte, a Thomson já se preparava para acabar com a publicação de jornais.

Antes de seguir em frente, Harrington precisava convencer seus superiores de sua visão e seu plano de construir um futuro para a empresa. Isso incluía a ousada tarefa de persuadir Lord Thomson a abrir mão do que na época era a maior cadeia de jornais do mundo. Devido à sua própria inclinação para uma postura ofensiva, Lord Thomson entendeu a visão de Harrington e seus companheiros e apoiou o plano.

Uma mente defensiva só teria visto aspectos negativos na ascensão da mídia eletrônica, apoiando a mídia impressa. A mentalidade ofensiva de Harrington possibilitou que ele visse a oportunidade de construir um negócio com base em algo novo. Harrington conseguiu apoio e, junto com a equipe, dedicou os anos seguintes exclusivamente à transição do negócio, incluindo o gasto de US$ 7 bilhões para adquirir mais de 200 empresas que atendiam às metas estratégicas e financeiras da Thomson. O grupo integrou-as confiantemente, convertendo a mídia impressa à digitalização. A mentalidade de identificar uma nova realidade, e aproveitá-la, colocou a empresa em uma nova trajetória antes dos outros.

Os concorrentes não tiveram resultados tão bons. Alguns entraram em uma farra de aquisições, acumulando dívidas, a Knight Ridder não existe mais e outras empresas estão penando para ter algum lucro. Em 2013, o CEO de uma cadeia de jornais dos Estados Unidos disse, de forma reveladora: "Nossa mentalidade está presa à mídia impressa, não digital". Esse comentário foi feito um pouco antes de uma grande reestruturação da empresa, que redirecionou recursos para um novo caminho de crescimento. Até o venerável *New York Times* parece ter sofrido um declínio. Em maio de 2014, um relatório de 96 páginas, elaborado por um comitê interno do *Times*, retratava um cenário desesperador do jornal frente às publicações digitais. O relatório, que vazou pela internet e foi postado no site Scribd, revela os pontos fracos técnicos e organizacionais da empresa – por exemplo, manter o departamento de tecnologia e a seção editorial isolados, e não se dedicar o suficiente a otimizar os resultados de ferramentas de busca –, que estavam colocando a estimada publicação em desvantagem contra concorrentes como o Huffington Post, que não gozava do prestígio do *Times*, mas tinha mídia digital.

Atuar de maneira ofensiva não significa que você precisa ser o primeiro de um segmento. O mundo não muda no dia em que uma tecnologia é inventada. Por exemplo, os algoritmos de busca já estavam sendo desenvolvidos há anos quando Larry Page e Sergei Brinn criaram o Google. O momento específico depende da avaliação do mercado, dos recursos disponíveis, da necessidade de parceiros e alianças, e da capacidade, sua e de sua empresa, de resistir aos contratempos e fracassos (e, claro, da força de seu conceito). Sua posição pode ser boa o suficiente para esperar o momento certo de agir. Em alguns casos, o mercado está em expansão e sendo novamente dividido em segmentos, deixando bastante espaço para crescer sem ter que lutar pela parte de ninguém. Nesse caso, a paciência pode lhe servir, enquanto você monitora as sementes e os catalisadores, reunindo os recursos, competências e parceiros certos. Como vimos anteriormente, a GE sob a liderança de Jeff Immelt está fazendo um grande avanço na internet industrial para acelerar a integração de algoritmos, softwares e sensores que conectam equipamentos complexos. Devido ao enorme tamanho desse novo campo, a GE tem bastante espaço para aumentar sua participação no crescente mercado, redefinindo todo o cenário.

Cuidado, porém, para não confundir paciência com desejo de certeza frustrado. Os líderes costumam se enganar quando dizem "vamos deixar o mercado se desenvolver", supondo que sua empresa terá a força para entrar na nova área e dominá-la em algum momento do futuro. Foi assim que a Barnes & Noble perdeu para a Amazon. A empresa diminuiu, e continua diminuindo. Às vezes, uma visão mais clara vem tarde demais.

REMOVENDO OS BLOQUEIOS

Mesmo que você aprenda sobre digitalização e instrua os consumidores, sua própria mente pode impedi-lo de encontrar um caminho para aproveitar a incerteza. Prestar atenção aos bloqueios subconscientes profundamente arraigados – os seus e os de sua equipe – ajudará a transformar sua mentalidade defensiva em ofensiva.

Por exemplo: uma experiência pessoal recente mostra a força dessas barreiras psicológicas. Os vinte principais altos executivos da Super Snacks do mundo todo se reuniram na primavera de 2014 para discutir estratégia corporativa. A Super Snacks era a líder do setor, mas Gail Jones, a CEO, estava preocupada com a acelerada diminuição do mercado de doces, o esteio da empresa, e queria reunir a equipe para definir o futuro da companhia. A concorrência por participação de mercado contra seu maior rival estava ficando cada vez mais acirrada. Wall Street e a mídia, que se fixam em qualquer diferença de volume e lucros trimestrais, faziam comparações. Devido às margens apertadas e à grande concorrência, os líderes da Super Snacks não tinham muito tempo para pensar. Jones me convidou para ajudar sua equipe a visualizar as novas forças que estavam redefinindo o mercado.

Comecei perguntando a opinião das pessoas sobre o que elas viam que estava acontecendo no cenário externo. "Não precisam explicar a relação com a empresa", eu disse. "Falem apenas das grandes mudanças ou tendências que perderam a força ultimamente."

Foi um desafio para a maioria dos presentes. Uma pessoa falou da perda de participação de mercado. Outra descreveu incoerências da marca. Uma terceira apresentou questões econômicas que afetavam a demanda de seus produtos no exterior. Ninguém parecia capaz de romper a barreira dos negócios cotidianos ou pensar além das fronteiras do setor. Tentei, então, uma abordagem diferente. "Vamos falar de digitalização", sugeri. "O que vocês veem? Quais são os novos desenvolvimentos e quem está se beneficiando?" No decorrer da conversa, mais pessoas foram participando. O grupo chegou rapidamente à pequena lista de agentes de mudança: Amazon, Google e Facebook. Mas quando perguntei a eles que curva na estrada essas empresas poderiam criar, e para quem, todo mundo ficou em silêncio.

Discutimos a respeito dos diversos agentes de mudança e seu impacto em outras empresas. Depois falamos sobre algumas empresas que perderam a curva da estrada, especulando o porquê. Perguntei "por quê?" cinco vezes. "Por que a empresa fez o que fez?" E *"quem* é a empresa?" – ou seja, quem são os principais líderes e por que eles fizeram o que fizeram? Estávamos progredindo. Pelo menos era o que eu achava, até ver as observações que circulavam depois da reunião. Em uma tentativa de resumir as ideias sobre o meio externo, a equipe voltou a focar a participação de mercado, concorrência e margens de lucro.

Jones continuou reunindo o grupo a cada oito semanas, apresentando-lhe sempre o contexto mais amplo. Quanto mais eles falavam do cenário externo, mais percebiam a urgência de mudar o foco para encontrar novos caminhos. Mas havia resistência. Os limites de pensamento das pessoas haviam sido estabelecidos em anos de foco nas questões imediatas de seu setor. Depois de alguns meses, percebendo que três membros da equipe ainda não conseguiam ver o contexto mais amplo, Jones chegou à conclusão de que não podia esperar. A incapacidade de enxergar além estava atrasando o processo de ataque, e a velocidade era um fator importante.

Os três eram pessoas maravilhosas, mas estavam se tornando bloqueios. Por mais doloroso que fosse, Jones foi obrigada a tirá-los de seu trabalho. Enquanto isso, ela se preparava para a possibilidade de outro bloqueio: dois antigos membros do conselho, muito influentes, que provavelmente teriam o mesmo problema de mudar de visão. Jones podia dispensar as pessoas que trabalhavam para ela, mas não podia mudar os diretores. Teria de se esforçar bastante para convencê--los, com a ajuda dos outros diretores.

Mesmo com boas intenções e um senso de urgência, partir para o ataque em meio à incerteza é um desafio para muitas pessoas. Se você não consegue ver um caminho, não se martirize. Aceite que talvez seja necessário muito esforço para superar anos de trabalho árduo, descartando subconscientemente mudanças importantes, capazes de transformar seu negócio, e limitando sua imaginação. A seguir, alguns bloqueios que interferem na acuidade perceptiva e tomada de decisões das pessoas:

- Apego às competências existentes.
- Incapacidade de desenvolver uma nova competência.
- Obsolescência de pessoas que já foram fundamentais para a organização.
- Medo.
- Rejeição da oposição.

Apego às competências existentes. Muitos se apegarão com todas as forças, achando que as competências existentes são seu ponto forte (talvez o único) e a base para um futuro seguro. Afinal de contas, essas competências são a fonte das margens de lucro, participação de mercado e lucratividade da empresa. Sobretudo para quem ajudou a desenvolver as competências que serviram de base para o sucesso, é difícil ver que elas podem estar se tornando irrelevantes no cenário de mudanças. O CEO da Kodak é um ótimo exemplo desse problema: ele focou a expansão geográfica para a China, com base na grande expertise da empresa em fotografia de filme, e, apesar de seus conhecimentos de semicondutores, ignorou as implicações da mudança para a fotografia digital. John Akers, CEO da IBM no início da década de 1990, apegou-se à competência empresarial em relação a mainframes. Seu sucessor, Lou Gerstner, libertou a empresa desse bloqueio, trazendo o foco de hardware para softwares e serviços, onde o mercado crescia. E não são só as competências em si que podem nos prender. Muitas vezes o relacionamento com fornecedores e distribuidores, cultivado por anos e responsável, em grande parte, pelo nosso sucesso, é, em si, um tópico de discussão. A forte interconexão entre a Intel e a Microsoft, responsável pelo valor de marca de PCs no mundo inteiro, também fez que as duas empresas perdessem a oportunidade de entrar no mercado de telefones celulares.

Incapacidade de desenvolver uma nova competência. Se você não acredita que é capaz de romper com o passado ou reunir os recursos para tal, acabará se apegando à competência atual, talvez com algumas pequenas adaptações. Muitos líderes carecem de experiência para desenvolver novas competências ou imaginar que é possível desenvolvê-las. No entanto, é exatamente assim que alguns grandes empreendedores prosperam. Um exemplo é a GMR, a maior empresa de infraestrutura da Índia. Sediada em Bangalore, a GMR alcançou um faturamento de US$ 10 bilhões entrando num mercado sobre o qual não sabia nada e desenvolvendo competências a partir de então. Seu ponto forte eram atividades bancárias, mas seus líderes viram oportunidades muito maiores na construção e operação de centrais elétricas e, mais tarde, aeroportos. A empresa não está mais no mercado de bancos, posicionando-se para acompanhar a expansão econômica da Índia. O novo caminho não foi fácil. Em 2012, a GMR enfrentou um momento de restrição financeira por conta das incertezas criadas pelo governo indiano. Políticas confusas reduziram a disponibilidade de carvão e gasolina, e o governo atrasou o pagamento de aeroportos em operação. Cientes dos riscos de depender tanto do governo, os líderes da GMR estão mais uma vez procurando novas oportunidades de crescimento – mas confiantes de que a metodologia disciplinada que criaram lhes permitirá desenvolver qualquer competência que quiserem.

Obsolescência de pessoas que já foram fundamentais para a organização. Às vezes, desprezamos subconscientemente novos caminhos antes mesmo de explorá-los, porque sabemos que as pessoas das quais mais dependemos não têm a experiência ou expertise necessária para segui-los. Por exemplo, uma empresa tradicional de produtos de consumo talvez tenha de se tornar uma casa matemática e desenvolver recursos no uso de algoritmos. Se você não adquirir essa expertise e empregá-la rapidamente, poderá estar limitando o futuro de sua empresa. Some-se a isso o desconforto paralisante de substituir pessoas que o ajudaram no passado por novos especialistas altamente valorizados, e chegamos à fórmula do declínio. Ninguém quer abandonar as pessoas que nos ajudaram a ter sucesso, mas, se este sentimento nos impedir de ter uma visão clara sobre o futuro de nosso negócio, por definição ele é um bloqueio. Uma variação do tema é a ilusão de que a pessoa mudará. As pessoas são capazes de aprender novas habilidades. A pergunta é: será que elas são capazes de mudar no tempo necessário? Gail Jones enfrentou a dura realidade de que não, em alguns casos.

Bloqueios em relação às pessoas precisam ser atacados diretamente. Não podemos permitir que eles prejudiquem nossa capacidade de pensar. A Zee Entertainment Enterprises, uma das maiores companhias de mídia e entretenimento da Índia, começou a recrutar "nativos digitais", fazendo que eles participassem das tomadas de decisões no mais alto nível organizacional, ao lado de executivos cujas carreiras basearam-se em um mundo análogo. Esse movimento gerou certa polêmica, mas o presidente Subhash Chandra queria fazer a mudança antes que sua empresa se tornasse obsoleta. Como ele mesmo disse: "Queremos vida antes da morte, não vida após a morte". Ele está no ataque.

Medo. Apesar da confiança inabalável que os líderes de negócios demonstram externamente, muitos têm bloqueios psicológicos cuja raiz é o medo: medo de errar, medo do constrangimento, medo de como os outros reagirão a uma decisão sua e, de modo mais geral, medo do desconhecido. A incerteza gera altas doses dessa emoção.

Sem dúvida, o medo pode ser construtivo às vezes. Em seu livro *Só os paranoicos sobrevivem*, o fundador e ex-CEO da Intel Andy Grove defende a tese de que a conscientização de nosso possível colapso – nas palavras de Grove, o "ponto de inflexão estratégico" que revirará nossa indústria, não apenas nossa empresa – pode abrir nossa cabeça e nos dar coragem. Mas, se deixarmos nossos medos subconscientes bloquearem nossa capacidade de discernimento, não conseguiremos avaliar o grau de risco de uma iniciativa empresarial. Partir para o ataque não significa arriscar um negócio com base em palpites ou teorias cujas consequências não foram analisadas, mas *envolve* risco. Tornar-se consciente de seus medos e confrontá-los lhe permitirá ver as coisas com mais precisão, pensar de maneira mais criativa e agir com mais convicção.

Viajo muito para a Índia e outros mercados emergentes, onde as leis e regulamentos mudam de forma bastante abrupta. Por exemplo, no início da década de 2000, havia indícios de que o governo indiano permitiria que seguradores estrangeiros aumentassem sua participação acionária em empresas indianas de 26% para 49%, e as companhias fizeram planos de acordo com esses indícios. Mas o índice de 26% se manteve, e algumas companhias de seguros estrangeiras, como a New York Life, se mandaram. Em 2014, então, o ministro da Fazenda Arun Jaitley anunciou que o limite de participação subiria para 49% finalmente. Enquanto isso, em março de 2013, a Insurance Regulatory and Development Authority (IRDA) da Índia apresentou regras bastante rígidas que afetavam áreas como a criação de produtos e desembolsos de apólice, e os seguradores tinham apenas seis meses para rever suas estratégias. Além disso, num movimento repentino desconexo, o Poder Legislativo da Índia apresentou um referendo impondo à companhia de telecomunicações Vodafone o pagamento de um imposto retrospectivo bilionário depois que a Suprema Corte indiana se colocou a favor da empresa na cobrança da taxa. Essa medida fez que o investimento estrangeiro desaparecesse. É fácil entender por que a perspectiva dessas surpresas pode gerar medo e ansiedade nas pessoas.

Alguns líderes são psicologicamente capazes de lidar com a imprevisibilidade sem sentir medo. "A imprevisibilidade aumenta a tenacidade da equipe de liderança, tornando-a ágil em relação às mudanças que acontecem a todo minuto", diz Analjit Singh, presidente da Vodafone e fundador da Max India Limited, um conglomerado bilionário sediado em Nova Delhi que inclui o negócio de seguros. "Não sou diferente de outros líderes do meu país nesse sentido. Estamos acostumados com essas coisas. Passei muito tempo nos Estados Unidos, e sei que o país é muito dedicado em termos de trabalho. Você dificilmente encontrará um executivo que tire mais de 15 dias de folga no ano. Mas estamos sempre atentos."

Tentar ignorar a incerteza só aumenta o medo, desencadeando uma variedade de sintomas, desde afastamento ou perda de estabilidade emocional até supressão de notícias ruins e acusações. Dean Stamoulis, diretor global de liderança e serviços de sucessão da firma de localização e avaliação de executivos Russell Reynolds Associates, observa que esses medos e inseguranças muitas vezes assumem a forma de mentalidade de uma vítima. "Acusar os outros e racionalizar é um grande sinal de alerta", diz Stamoulis. "Os maiores líderes que conheço não reclamam de nada. Eles assumem total responsabilidade pela situação que estão enfrentando, demonstrando um elevado grau de confiança em si mesmos de que vão resolvê-la. Isso é o que é necessário em momento de incerteza. Acusar os outros indica um tipo de pensamento pouco eficaz em épocas instáveis, abalando a conexão entre os acusados."

A mensagem é a seguinte: torne-se consciente de seus bloqueios e abrace a incerteza. Quanto mais você mergulhar nela, tentar detectar suas fontes e formar um ponto de vista a respeito que você possa testar com os outros, mais convicção e confiança você ganhará – além de energia.

Rejeição da oposição. O bloqueio mais frequente que vejo é o desejo de evitar oposição na hora de propor uma grande mudança. Em uma situação difícil, em que sua unidade de negócios está perdendo dinheiro, você pode ir em frente tranquilamente. Embora nem todo mundo vá gostar de sua decisão, dificilmente alguém a contestará. Agora, se você estiver vendo algo no horizonte que ninguém viu ainda, provavelmente encontrará alguma resistência por parte de seus superiores e sua equipe – e, se você for CEO, por parte da diretoria, dos investidores e talvez de alguns subordinados diretos. A dúvida de sua capacidade de persuasão nesse momento pode acabar com suas ideias.

Essa preocupação não é infundada. Quando queremos propor uma mudança radical, mas temos uma base fraca e/ou um forte concorrente interno, corremos realmente o risco de gerar uma reação adversa ou revolta. Já vi isso acontecer inúmeras vezes no mundo corporativo. Numa determinada ocasião, um COO que se opunha à direção estratégica do CEO resolveu esperar um tempo, enquanto fortalecia o relacionamento com o conselho de administração da empresa, até expor sua insatisfação e propor um caminho alternativo. Um dia o CEO se reuniu com os diretores e, ao sair da sala, anunciou sua demissão. O COO tornou-se o próximo CEO. Você pode atenuar sua preocupação fazendo que outras pessoas fiquem do seu lado: gestores, colaboradores, investidores, diretores e pessoas de fora da organização. Uma boa maneira de convencê-los é ajudá-los a desenvolver uma mentalidade ofensiva de acordo com a sua. Em uma organização de qualquer tamanho, um pequeno número de pessoas – aproximadamente 2% – tem uma influência desproporcional nos outros 98%. Chamo isso de "regra dos 98-2". Nunca ignore os 2%. A adesão deles fará diferença em termos de que sinais serão percebidos, que novas ideias serão aproveitadas ou negadas e com que velocidade. Adquira o hábito de ouvir as observações dos outros e compartilhar as suas, transformando essas observações em prioridades e ações específicas. Se você for CEO, converse com o conselho diretor e com os investidores para ajudá-los a ver o que você vê. Isso criará um referencial, desenvolvendo a confiança. A mesma abordagem se aplica aos gerentes de nível médio, que podem convencer seus gestores.

DE ONDE VEM A CORAGEM

Tornar-se consciente de seus bloqueios psicológicos e trabalhar incessantemente para superá-los libertará sua mente para conceber um novo caminho, mas, na verdade, a questão é um teste de coragem. Você tem coragem para fazer uma grande mudança? Intelectualizar é uma coisa, ter a coragem de puxar o gatilho é outra. "Apreciar a complexidade e processá-la intelectualmente é uma habilidade que precisa ser desenvolvida", diz Stamoulis. "Mas a capacidade de agir é um reflexo da autoconfiança – não audácia comportamental ou arrogância, mas a verdadeira confiança em nossa capacidade de descobrir as coisas e lidar com as consequências. Essa autoconfiança é fundamental quando o inesperado ocorre."

Você precisa fortalecer sua essência para enxergar o mundo da forma mais objetiva possível, refletir de maneira ponderada e agir com base no que vê. Você não pode ser fraco. Carl Hahn, CEO da Volkswagen (VW) na década de 1980, foi o rebelde que expandiu para mercados emergentes como China, Polônia e México, desenvolvendo capacidade de produção e organizacional para obter clientes lá. Sua medida foi bastante criticada na época, e ele acabou sendo demitido, mas foi presciente: hoje a VW é a maior montadora do mundo, e a China e o México são mercados valiosíssimos para a empresa.

Não há como eliminar completamente a incerteza. Não fazer nada também é arriscado, e sempre haverá "desconhecidos não conhecidos" – riscos que nem sabíamos que existiam, apesar de toda a análise. Mas localizar os sinais particulares de que nossas premissas estavam certas ou erradas pode nos dar confiança para seguir em frente. Você se sentirá melhor sabendo que existe uma maneira de julgar com que velocidade agir e quando se adaptar ou abandonar o caminho.

Imagine, por exemplo, que você está no mercado de atividades bancárias e tem de lidar com as incertezas dos pagamentos via dispositivos móveis. Você estava ganhando uma alta porcentagem de lucro de cartões de crédito, avançando aos poucos ao longo dos anos contra alguns concorrentes conhecidos, com um estabelecido ecossistema de clientes, emissores de cartão de crédito, comerciantes e operadores de transações. Mas agora a internet e os smartphones estão por toda parte, e as pessoas estão os utilizando para tudo. Em lugares como a África, onde mal existe uma infraestrutura bancária, os telefones celulares ocupam o lugar do modelo tradicional de banco. Em países avançados, empresas como a PayPal foram criadas para facilitar as compras online; e outras, como a Square, transformam os telefones celulares em carteiras eletrônicas. Novos protagonistas surgiram e estão num perpétuo vaivém, indo de uma categoria para a outra. A PayPal agora é uma emissora de crédito, junto com o Bank of America, o Citigroup e o US Bank. A Square é um provedor de carteiras eletrônicas, competindo com o Google, a PayPal, a Softcard e a MasterPass. A empresa é também um ponto de venda, como a Verifone, a Ingenico, a NCR e a Shopkeep. Alguns vendedores de hardware de carteira móvel: Apple, Samsung, Sony, Broadcom e Telecom Italia. Agora a Amazon entrou na briga, e outras empresas certamente farão o mesmo.

Temos informações suficientes para concluir que o negócio de cartões de crédito enfrentará incerteza estrutural por algum tempo ainda. Será que as organizações com base em hardware, como os bancos, terão vantagem de influência na adoção das carteiras digitais, ou a vantagem será das empresas que utilizam o sistema de pagamento via Cloud? Será que os consumidores gostarão da variedade de opções, ou o grande número de escolhas lhes parecerá confuso? Será que ainda existirá algo chamado cartão de crédito no futuro, ou todas as transações serão eletrônicas? As empresas que renasceram digitais têm alguma chance de vencer as empresas que já nasceram digitais?

Para domar a incerteza, você precisará definir as perguntas que precisam de resposta e os fatores a observar para obter essas respostas. Caso você queira saber se o contexto de pagamentos móveis será fragmentado ou se se consolidará, considere o que pode fazer a balança pender para um dos dois lados. Observe se a variedade de ofertas cria confusão ou complicação para o consumidor, e se as empresas, por conseguinte, estão procurando resolver essa questão. Ou a variedade representa um serviço personalizado que agrada ao cliente? Essas tendências podem ser notadas no comportamento de consumo, servindo de alerta. Do mesmo modo, para saber se os pagamentos móveis serão via hardware ou nuvem, considere um fator importante como a segurança de dados. As tecnologias estão se desenvolvendo no sentido de proteger as informações dos consumidores do Cloud, ou uma série de falhas de segurança está abalando a confiança dos usuários? É incrível que a Apple, ao introduzir sua carteira móvel ApplePay em setembro de 2014, já tivesse estruturado um ecossistema de 220 mil participantes varejistas, incluindo a Whole Foods, a Nike e a Walgreens, com um sensor de impressão digital. Que medidas de segurança poderiam ser desenvolvidas em seguida?

O Grupo Lego é um bom exemplo de como ganhar confiança localizando o que não sabemos, sobretudo a respeito da experiência de consumo. Em 2012, a fabricante de brinquedos dinamarquesa planejou uma grande expansão para a Ásia, mas o CEO Jørgen Vig Knudstorp e sua equipe, aos discutirem as especificidades do plano, depararam-se com diversas perguntas sem respostas[9]. Esperar ter clareza não era uma opção, e eles resolveram enfrentar as incertezas para compreendê-las. As incertezas dividiam-se em três categorias gerais: como os produtos seriam recebidos no mercado, como vender e distribuir os produtos e sobre a regulamentação governamental. A equipe, então, dividiu-se em três grupos para investigar melhor cada uma das áreas e criar possíveis soluções.

Uma pergunta sem resposta era se os consumidores asiáticos receberiam bem a marca. O Lego, um produto de alta qualidade, conhecido em grande parte do mundo, era relativamente desconhecido na Ásia. Talvez os consumidores chineses vissem os tijolinhos de plástico como uma commodity e comprassem só pelo preço. Outra questão incerta era como comercializar o produto. O Lego era considerado um brinquedo com valor educacional, sendo valorizado, portanto, pelos pais. Mas as pesquisas revelavam que os pais asiáticos, embora valorizassem a educação, esperavam que os brinquedos propiciassem diversão. Além disso, muitos produtos Lego foram criados em torno de lançamentos cinematográficos. O sucesso dessas associações variava muito – até 30% – de um mercado para outro. Será que temas globais teriam mercado na China?

Como a Lego venderia e distribuiria o produto era outra questão complexa. Pequenos varejistas ainda predominavam na China, mas grandes lojas começavam a despontar. Quem prevaleceria? Os pequenos varejistas se preocupavam com os lucros acima de tudo, enquanto as grandes lojas focavam o gerenciamento de estoque e rotatividade. A maior questão sobre regulamentação era se haveria uniformização entre os países ou diversas regras, dependendo do país. O Vietnã tinha uma regra sobre o espaço vazio nas embalagens, por exemplo, que exigia um design específico para esse país.

Isolar as perguntas sem resposta e avaliar a velocidade com que se tomaria um caminho ou outro tornou-se uma diretriz de gestão. A equipe adotou uma abordagem de observação para algumas opções pouco prováveis, como a perda do poder de precificação especial. Mas eles precisavam agir rápido em relação à questão de onde fabricar e o que fazer se o Lego acabasse sendo um fiasco na China. A solução foi criar uma plataforma de fabricação flexível e, ao mesmo tempo, desenvolver um processo para desfazer a produção de maneira apropriada. Para lidar com as incertezas de aceitação de mercado, a empresa comprometeu-se a realizar pesquisas mais detalhadas e contratar mais mão de obra local. No fim, a disposição de enfrentar as incertezas fez que a empresa estivesse em maior sintonia com a situação, estando preparada para lidar com o que se apresentava.

Como vimos, nossa mentalidade não é algo fixo. Ela pode mudar, abrindo-se para enxergarmos oportunidades na incerteza. No próximo capítulo, veremos como George Halvorson, CEO da Kaiser Permanente (já aposentado), fez exatamente isso, partindo para o ataque apesar da enorme incerteza da área de saúde.

Capítulo 11

O caminho da Kaiser Permanente em meio ao tumulto da área de saúde

Você não precisava ser um gênio no início da década de 2000 para saber que o sistema de saúde ia mudar, mas de que maneira ninguém sabia ao certo. Toda a indústria – uma mistura de grandes protagonistas, como redes de hospitais e planos de saúde (com faturamento de US$ 80 bilhões), e pequenos protagonistas, como médicos autônomos – estava operando como uma indústria artesanal. Cada entidade lidava com determinados aspectos do sistema, de maneira isolada. Faltava focar a experiência completa do consumidor, nesse caso, o paciente. A indústria também pecava no quesito de administração de dados: os registros médicos eram guardados em fichas de papel em diferentes lugares. Ou seja, se o paciente mudasse de clínica ou hospital, não havia como acessar suas informações. Era impossível, portanto, identificar oportunidades de melhoria com base em dados de diversas partes da rede de saúde. Os custos do setor aumentavam consideravelmente, representando um grande problema. E as pessoas de dentro e de fora da indústria, incluindo membros do Congresso, começavam a falar em racionamento, por mais tenebrosa que fosse a ideia, como a única opção viável para a área de saúde.

Essa era a situação em 2002, ano em que George Halvorson tornou-se CEO da Kaiser Permanente, consórcio norte-americano de cuidado integrado em saúde sediado na Califórnia, que também administrava clínicas e hospitais. Halvorson via as coisas de um modo diferente. Enquanto muitos de seus companheiros de setor pareciam resignados a um futuro de racionamento, esperando apenas adiar ao máximo esse futuro, Halvorson viu uma opção. Por que não reestruturar o sistema de saúde – isto é, usar a tecnologia da informação para integrar dados e melhorar os custos e a qualidade dos serviços de saúde? Apesar do fato de que o sistema de saúde norte-americano estava e está num fluxo aparentemente permanente, Halvorson partiu para o ataque, criando clareza para sua própria empresa, e para muitas outras empresas também, por compartilhar seus pensamentos e ajudar a definir políticas governamentais.

O racionamento não fazia sentido para ele, primeiro porque suscitava um futuro austero que não correspondia à missão idealista dos provedores de cuidados de saúde, e segundo porque ele já havia comprovado os benefícios do convênio entre clínicas e hospitais em seu trabalho anterior como diretor da Health Partners, um plano de saúde de US$ 2 bilhões, sediado em Minnesota. "Racionamento é uma opção terrível, para nosso negócio e para nossos pacientes", explica Halvorson. "Eu sabia que havia opções melhores, porque tive a sorte de gerenciar um modelo em que éramos donos de hospitais e clínicas, e conseguíamos acompanhar tudo utilizando informações além dos limites organizacionais. Por exemplo, podíamos focar em nossos pacientes com diabetes e comorbidade, e reduzir significativamente o índice de insuficiência renal em nossos pacientes oferecendo um cuidado proativo de equipe que é difícil ter com sistemas de dados em papel."

Graças à experiência de Halvorson em Minnesota e um livro que ele escreveu a respeito, o conselho diretor da KP sabia o que esperar quando o contratou. Halvorson tinha uma visão diferente: melhores informações e uso correto de dados significavam melhor cuidado. Além disso, o acompanhamento dos resultados e processos criaria mais segurança. Halvorson já tinha visto, por exemplo, que muitos pacientes contraíam infecções nos hospitais, inclusive septicemias fatais, embora os médicos e enfermeiros fossem totalmente éticos, cuidadosos e competentes. Com poucos dados na maioria dos lugares para encontrar a raiz do problema, a septicemia continuava sendo a principal causa de morte nos hospitais norte-americanos. Como se não bastasse, os hospitais particulares focavam somente no que acontecia em seus recintos e não tinham nenhum incentivo para pensar no cuidado contínuo dos pacientes. Um hospital que recebe uma taxa toda vez que uma criança com asma é internada, por exemplo, foca melhorar seus serviços para o tempo em que a criança está sob seus cuidados. O hospital não tem nenhum motivo para procurar informações a respeito do que aconteceu antes, inclusive que circunstâncias podem ter provocado o ataque de asma e o que poderia ter sido feito para evitá-lo.

Na época em que Halvorson começou a trabalhar na KP, a empresa era, como a Health Partners, "integrada", ou seja, tinha negócios em muitas partes da rede de saúde. Mas dizer que as partes eram totalmente conectadas não é verdade. Havia muitos locais de trabalho e departamentos de cuidados na KP. Aliás, a KP tinha mais de quarenta sindicatos, oito grupos médicos e inúmeros níveis de unidades de cuidados. Cada região tinha sua própria marca e campanha publicitária, e cada novo hospital e centro de saúde possuía o melhor e mais moderno sistema contábil quando a unidade foi construída – totalizando mais de 125 sistemas contábeis. Quando o escritório central queria informações financeiras básicas de fechamento do mês, levava quase um mês e meio para obtê-las. O atendimento era até "muito bom", embora não bom o suficiente para o gosto de Halvorson, mas os custos precisavam melhorar, o nível dos serviços era irregular e, em alguns casos, a imagem da instituição não era boa, em parte porque a empresa estava disposta a brigar judicialmente por coisas que deixavam os pacientes desconfortáveis.

Halvorson foi um catalisador que concebeu um caminho para a KP rompendo com a prática convencional, baseando-se na integração de todas as peças, não apenas uma junção. "Eu via que o mundo ia mudar, e não queria esperar até as mudanças nos afetarem", explicou Halvorson. "Precisávamos de cuidado de equipe, com base no paciente. Cheguei à conclusão de que, se fôssemos os primeiros, venceríamos, e nossos pacientes também, claro."

Halvorson estava pronto para partir para o ataque, mas a adesão da organização não foi automática. Os funcionários da KP não eram diferentes de qualquer outro funcionário da área de saúde: estavam inseguros e ansiosos em relação ao futuro. Alguns se perguntavam que rumo teria o sistema de saúde e se a KP faria parte dos planos. Outras organizações que vendiam produtos supostamente similares competiam acirradamente para tirar a KP do mercado. Gerentes e líderes de diversas unidades organizacionais focavam mais as operações internas do que as questões externas e o futuro. Halvorson via uma interconexão entre as crenças/comportamentos da KP e a meta de melhorar o serviço de saúde da seguinte maneira: a melhoria do serviço dependia de dados; os dados dependiam da confiança; a confiança dependia da transparência. Halvorson resolveu criar um sistema de informações e uma cultura que lhe possibilitassem atingir a meta final.

Tendo se reunido com colaboradores, grandes compradores e outros envolvidos antes mesmo da data oficial de início, Halvorson começou com tudo quando se tornou CEO em 2002. Logo no início de sua gestão, visitou a unidade da KP no Havaí, que tinha acabado de inaugurar um protótipo de um sistema eletrônico de registro de informações médicas. O sistema fora desenvolvido por indivíduos muito inteligentes, e não foi barato. Mas, depois de dois dias utilizando-o, Halvorson chegou à conclusão de que o sistema deixava a desejar em relação ao que eles precisavam. "O sistema não fazia várias coisas de que precisávamos", disse Halvorson. "Sei que, se o tivéssemos implementado como planejado, ele poderia ter causado um grande dano, atrasando nosso progresso por anos." Mesmo assim, a ideia de deixar de usar o sistema existente, que já havia custado à KP US$ 400 milhões, era ameaçadora, pois causaria uma enorme lacuna.

Ao voltar para terra firme, o CEO organizou uma força-tarefa de 70 pessoas, a maioria médicos, para preencher a lacuna, pedindo-lhes para identificar tudo o que eles gostariam que um sistema fizesse e observar todos os sistemas do mundo. Não havia favoritos. "Contratem os melhores consultores das melhores empresas do mundo se for necessário", disse Halvorson. "Dinheiro não é problema. Precisamos encontrar a melhor opção que atenda nossas necessidades." Com essa abordagem, Halvorson conseguiu duas coisas: primeiro, selecionar desenvolvedores de sistemas, chegando a dois finalistas e, finalmente, ao parceiro escolhido, a Epic Systems de Madison, Wisconsin. Segundo, receber apoio interno. Um benefício extra foi o aprendizado pessoal que todos os membros da equipe de avaliação interna tiveram comparando tantos sistemas.

O único possível obstáculo era o preço do sistema selecionado e da reestruturação total do sistema/projeto de interconectividade: US$ 4 bilhões, o maior investimento em sistema de informação já realizado no mundo. O conselho diretor da KP estava habituado a aprovar "grandes" gastos de, digamos, US$ 200 milhões, até US$ 400 milhões, mas o caso agora era outro. Halvorson não desanimou. "Mostrei a eles que estávamos apostando todas as nossas fichas nisso. Procurei explicar a lógica do negócio, para que eles entendessem que nosso futuro estaria seriamente comprometido se não fizéssemos a mudança. E se fizéssemos mais ou menos, também fracassaríamos. Mas, se informatizássemos tudo o que estava relacionado com cuidados de saúde e fizéssemos isso direito, estaríamos na frente da curva e permaneceríamos aí por muito tempo. A ferramenta podia ter infinitas utilidades. Mostrei para os diretores que, uma vez com o sistema, seria como ter internet – continuaríamos encontrando usos que não sabíamos que eram possíveis."

O alto risco era um fato. Um diretor recém-contratado ouviu o discurso de Halvorson em sua primeira reunião de conselho. "Fui para casa e não consegui dormir", contou mais tarde para Halvorson. De qualquer maneira, o conselho aprovou o investimento, e a KP seguiu em frente em seu novo caminho, tornando-se um sistema de cuidados de saúde totalmente informatizado – com todos os dados de todos os pacientes acessíveis a todos os profissionais da área.

A implementação do sistema, evidentemente, era uma grande empreitada que dependia de uma liderança firme. Halvorson escolheu Louise Liang, que já havia ocupado diversos cargos de liderança no setor de saúde e também sabia muito de gestão de qualidade. Liang era meticulosa, prestativa, muito organizada, prática e rápida – capaz de colocar os trilhos na frente do trem em movimento, como Halvorson dizia. E, cabe ressaltar, ela era médica, não apenas tecnóloga, sendo respeitada por todos os médicos e sensível às questões relacionadas à qualidade do serviço de saúde. Seu contato direto com Halvorson e sua autonomia em relação ao departamento de TI existente lhe davam o respaldo necessário para desfazer qualquer bloqueio organizacional ou financeiro. Com muito esforço e cuidadosa supervisão, o sistema foi implementado dentro do prazo e do orçamento.

Enquanto isso, o movimento de melhoria contínua e integração de dados mostrava bons resultados. A KP ia solucionando um problema após o outro. Pouquíssimas organizações de saúde se comprometem com métodos de melhoria contínua que misturam expertise de dados e engenharia de processos com serviço de saúde. Halvorson se comprometeu, implementando um modelo de melhoria contínua no setor. Para dar um exemplo, em 2008, a equipe médica estabeleceu a meta de reduzir o índice de óbito por septicemia de 25% para 20% no ano seguinte.

Levou alguns meses para colocar tudo em ordem: criar um correto fluxo de dados internos, trabalhar nas questões culturais de cada unidade de tratamento para que as pessoas se sentissem à vontade com a disponibilização de seus dados entre hospitais, e uniformizar medidas e processos de compartilhamento. Algumas pessoas duvidaram de que era possível, mas outras disseram: se podemos fazer isso no ano que vem, por que não agora? Com as peças no lugar, a equipe começou a trabalhar a todo vapor. Os hospitais começaram a comparar seus números e a prestar mais atenção em como (e quando) a septicemia era tratada. O que era diferente nos hospitais com índices de septicemia mais baixos? Algumas respostas do exercício de melhoria de processo foram: menos tempo de espera pelos resultados de exames e menos tempo para fazer as prescrições.

Um tratamento mais rápido era a melhor maneira de reduzir as mortes por infecção. Com os dados em mãos, as pessoas começaram a fazer diversas mudanças, aparentemente pequenas, nos laboratórios e farmácias dos hospitais para criar a agilidade necessária. Os resultados foram surpreendentes: o índice de óbitos por septicemia em todos os hospitais da KP caiu de 25% para os 20% planejados – e continuavam caindo. Dois anos depois, havia chegado a 10%, e em 2013, estava abaixo dos 10%, provavelmente o menor índice do país.

Os dados abriram novas linhas de descoberta, com resultados igualmente impressionantes no tratamento de vítimas de HIV, insuficiência cardíaca, asma e derrame. O índice de morte por HIV caiu para metade da média nacional. O novo e abrangente fluxo de dados revelou informações importantíssimas sobre as vítimas de AVC que morriam. Os pesquisadores descobriram que o índice de óbito entre os pacientes que recebiam estatinas no hospital após um derrame era menor do que entre os pacientes que não tomavam estatinas (6% *versus* 11%). Ninguém havia pensado nas estatinas como um tratamento capaz de salvar vidas no caso de derrames, mas os dados eletrônicos de milhões de pacientes mostraram que o procedimento fazia uma grande diferença.

A KP decidiu divulgar seus métodos e descobertas a outros protagonistas da área de saúde. Inicialmente com cerca de 300 artigos publicados em revistas médicas por ano; em 2013 esse número subiu para 1.500 artigos publicados. "Queríamos viver em um mundo onde competíamos para melhorar o serviço de saúde, e por isso decidimos incluir todo mundo", explicou Halvorson. "Por exemplo, disponibilizamos o acesso gratuito aos nossos protocolos de HIV, para que todos os profissionais do setor pudessem consultá-los."

Os bons resultados do acesso aos dados e melhoria do processo aumentaram a fama da KP. Uma vez implementado o novo sistema, a KP passou a ser o principal plano segundo a J.D. Power, a Consumer Reports e a Medicare. Mas o sucesso foi muito além da KP, demonstrando que aprimorar o serviço e a eficácia do sistema de saúde era uma alternativa muito melhor que o racionamento. Esse fato ajudou a definir o planejamento do sistema de saúde em Washington. Halvorson envolveu-se até na elaboração do Affordable Care Act (ACA). "Preferimos ajudar a direcionar as ações a simplesmente reagir às medidas tomadas", contou Halvorson. "Nosso trabalho é prestar serviços de saúde. Por isso, temos muito a contribuir nessa área, fornecendo informações valiosas sobre como melhorar o sistema para aqueles que regulam o setor. Nosso nível de influência em relação ao que fazer é alto, uma vez que nosso sucesso é patente."

Desde a promulgação do ACA – alguns diriam "em grande parte por causa do ACA" –, as estruturas de mercado e dinâmica competitiva da indústria de saúde permanecem em fluxo, com a concorrência de diversos protagonistas. "Estamos desenvolvendo um serviço de saúde com base em sistemas, dados e ciência de maneira integrada", disse Halvorson. "Se não tivéssemos nos arriscado a investir nesses sistemas e implementá-los, seríamos como todos os outros – e o futuro nos atropelaria. Não temos sempre como prever o futuro, mas podemos às vezes criar o futuro. Pois estamos criando." Isso é que é atitude ofensiva!

***

HALVORSON VIU A INCERTEZA como um chamado à liderança, não só de sua empresa, mas de toda a área de saúde; encontrou uma oportunidade na incerteza; elaborou uma visão concreta e específica de como poderia ser o serviço de assistência; e teve a coragem de definir o caminho de sua empresa, comunicando seus planos com clareza para aqueles que, dessa ajuda, necessitavam, inclusive pessoas do governo. Embora abrir caminho em meio à incerteza pareça uma missão solitária, o processo envolve muitas pessoas. Os próximos capítulos explicam como preparar a organização para aproveitar a incerteza, realizar a transição para um novo caminho e fazer as adaptações necessárias em um mundo em transformação. Começo apresentando uma poderosa ferramenta gerencial que pode fazer com que *qualquer* organização se torne mais ágil.

✓ CHECKLIST DA PARTE III

Avalie a si mesmo em uma escala de 1 a 10:

- ✓ Você tem consciência do curto tempo de vida de suas competências empresariais, vantagem competitiva e definição de sua atividade principal? Você se pergunta pelo menos quatro vezes por ano: de que novos desenvolvimentos posso tirar proveito para criar uma nova necessidade ou oferecer ao cliente uma experiência mais gratificante?
- ✓ Qual seu nível de compreensão da experiência de consumo de ponta a ponta? Você já mapeou os pontos de contato? Você observa os consumidores pessoalmente? Você exercita a imaginação pensando em novas trajetórias com base em suas observações e insights?

- ✓ Você aprendeu a respeito das novas tecnologias digitais e uso de algoritmos? E sua equipe? Você está prestando atenção nos protagonistas digitais de seu mercado? Você costuma refletir sobre como utilizar a tecnologia digital para transformar seu negócio? Você costuma falar com pessoas que tenham essa expertise?
- ✓ Você está atento às novas oportunidades de crescimento lucrativo?
- ✓ Você está consciente da tendência humana de ficar no que é confortável e conhecido? Você está consciente de seus bloqueios psicológicos e medos que o impedem de enxergar novas oportunidades? Você tenta superar seu desconforto psicológico aventurando-se em novas áreas? Você está disposto a tomar medidas previamente analisadas, mas não imediatamente populares?
- ✓ Você está disposto a agir rapidamente mesmo com algumas variáveis incertas?

PARTE IV

CRIANDO UMA ORGANIZAÇÃO ÁGIL

Capítulo 12

Sessão de prática em grupo: transparência e coordenação

Imaginemos que eu estivesse me reunindo com você e seus colegas por algumas horas e estivéssemos discutindo algumas ideias para aprimorar sua capacidade de enxergar curvas na estrada antes dos outros e criar um novo futuro de maneira ofensiva. Todos assentem com a cabeça. Espero que não estejam só sendo educados. Mas sinto um constrangimento na sala, que comprovo quando sua colega Mary começa a falar.

"Ram", diz ela, "tudo perfeito, mas temos metas a cumprir em condições bastante difíceis, e estamos limitados por orçamentos trimestrais e anuais não negociáveis. O conselho diretor, a mídia e Wall Street criticarão duramente o CEO se ele não atingir as metas, e todo nosso trabalho está focado nisso. Só poderíamos justificar uma mudança se tivéssemos uma crise de produção, perdêssemos um grande cliente ou um fornecedor importante nos deixasse na mão. Em suma, estamos muito ocupados para ficar procurando curvas na estrada ou especular sobre o que poderíamos fazer para mudar o jogo."

Mary expõe suas questões, e é minha vez de assentir com a cabeça. Já ouvi essa história antes, várias vezes. Há o processo de planejamento financeiro. Os números são congelados no início do ano fiscal, como se a realidade entre 1º de janeiro e 31 de dezembro fosse fixa. Nessa empresa, como em quase todas as outras, as decisões sobre quem recebe mais recursos e quem recebe menos são tomadas uma vez por ano, de modo que a rigidez já é uma característica inerente ao sistema. O mesmo acontece com as metas trimestrais e anuais. O resultado é que não há como fazer mudanças em momentos de grande incerteza. Quase todas as empresas parecem ter essa rigidez.

"Mesmo que tivéssemos recursos", Mary continua, "os incentivos são errados. Digamos que o Matt visse uma curva na estrada logo ali e elaborasse uma grande estratégia para lidar com a situação. A execução da estratégia interferiria em suas metas anuais, e aí, adeus bônus e chances de promoção." Ela se vira para Matt. "Você estaria disposto a correr esse risco?" Matt responde sem pestanejar: "De jeito nenhum". Mary se volta para mim. "O que fazer, então? Podemos ser flexíveis como indivíduos, mas como podemos aproveitar oportunidades que vemos se a própria organização nos torna rígidos – e, a propósito, o que significa uma organização ser ágil e flexível?"

Mary toca num ponto complexo: uma coisa é saber que o ambiente externo é um mosaico em constante transformação. Outra coisa bem diferente é os líderes relacionarem suas atividades diárias com essas mudanças. No entanto, essa é a única maneira de fazer com que a organização continue sendo importante e ofensiva. Os líderes não têm outra escolha a não ser *direcionar* a organização no sentido de poder adaptar-se em tempo real e assumir controle da incerteza.

Para uma organização se tornar "direcionável", ou ágil o suficiente para ser redirecionada, é imperativo otimizar sua relação com a velocidade e o caráter do ambiente externo[10], ou seja, quebrar a rigidez que costuma limitá-la. Essa rigidez se manifesta em: longos e exaustivos processos para tomada de decisões, que obedece a uma hierarquia; processamento lento (muitas vezes sequencial) de informações para os tomadores de decisões; desavenças não resolvidas decorrentes de visão limitada e interesse próprio de líderes trabalhando isolados; orçamentos e KPIs e os incentivos relacionados a eles, tudo fixado por um ano ou mais; e atribuições de tarefas que não mudam.

Com o intuito de dar alguma esperança para Mary, proponho uma ferramenta capaz de quebrar essa rigidez e possibilitar a adaptação da organização: a SPG. Desenvolvida por Sam Walton nos primeiros anos da Walmart, rigorosamente implementada por Steve Jobs e utilizada por Alan Mulally na grande virada da Ford, a SPG talvez seja o mecanismo de direcionamento mais poderoso que já vi.

Mary se mostra cética. "Ram, você está falando de outra *reunião*?", pergunta ela. "Reunião é o que não falta aqui!" "Sim", retruco, "as pessoas precisam se reunir, mas essa reunião é diferente das outras em diversos aspectos. As pessoas exercitam o trabalho em equipe para identificar oportunidades e solucionar problemas, fazendo adaptações em suas prioridades individuais, recursos e outros fatores como orçamento e KPI. Depois de pegar o ritmo, todo mundo gosta do mecanismo e passa a desejá-lo. Dizem que é energizante." Em seguida, explico as principais diferenças em relação a uma reunião comum.

Não é só mais uma reunião

Reuniões de equipe semanais e mensais são a perdição do trabalho em equipe. Essas reuniões costumam ser maçantes – um desperdício de tempo e energia. Tem gente que até tem medo de reuniões. Considere uma típica reunião mensal, onde o foco são os resultados do último período. Não raro, o líder, em uma demonstração de poder, aponta quem não atingiu as metas e os interroga. Há muito pouco *coaching* e informação. Os líderes não estão preocupados com o impacto sobre a motivação, o foco ou a capacidade de trabalho em equipe dos empregados. Resultado: as pessoas vão para a reunião com uma postura defensiva e saem de lá constrangidas e sem energia.

As sessões de prática em grupo têm o efeito contrário. Elas se baseiam na premissa de que, quando a informação é transparente para todos do grupo ao mesmo tempo, as pessoas podem ter uma visão comum do cenário completo, possibilitando acordos e ajustes espontâneos. As decisões são tomadas, os obstáculos são removidos, as pessoas ganham energia e a organização obtém resultados. É uma forma consagrada e muito eficaz de aproximar o grupo e direcioná-lo a um novo caminho.

Mostrarei como uma SPG funciona dando exemplos de três setores diferentes. Mulally usou a SPG para salvar a alta administração da Ford. "Jenn Hedley", CEO de uma unidade de negócios de uma grande empresa de serviços financeiros, utilizou sessões de prática similares após a crise financeira para ampliar a liderança da companhia aproveitando a tecnologia digital e a mudança de comportamento dos consumidores. Jay Galeota, presidente do Hospital & Specialty Care da Merck (hoje em dia, ele é diretor-geral de estratégia e desenvolvimento empresarial e presidente de negócios emergentes), lançou mão da SPG para conduzir sua organização a um caminho novo, frente a incertezas competitivas. Antes de apresentar os exemplos, eis um resumo dos princípios presentes nas histórias:

- A SPG inclui todas as pessoas fundamentais cujo trabalho é altamente interdependente, ou seja, indivíduos cujas metas, prioridades, informações e produção influenciam e são influenciados pelos outros. Outras pessoas são convidadas quando sua visão ou expertise é necessária, mas os maiores benefícios são alcançados quando o grupo central se reúne com frequência. Uma vez por semana é o ideal. O grupo mais importante para direcionar uma organização inclui o CEO e seus subordinados diretos. A presença é obrigatória, pelo menos no início, para que todos os membros possam praticar juntos.
- A transparência é soberana. Todos os membros apresentam seu progresso em, no mínimo, cinco tarefas essenciais ou até dez, no máximo – o bom, o mau e o feio. Os painéis mostram claramente que tarefas estão no caminho certo (codificadas em verde), que tarefas estão apresentando problemas (codificadas em amarelo), e que tarefas estão estagnadas (codificadas em vermelho). Isso cria uma imagem compartilhada da realidade atual para que todos vejam quais são as questões. A exposição aberta e sincera de informações é fundamental para direcionar a organização ao caminho desejado de modo mais rápido. A sinceridade se torna um hábito, porque as pessoas que não foram muito cooperativas são invariavelmente expostas. Ou elas mudam, ou estão fora.
- Os membros do grupo procuram a causa básica de cada tarefa problemática, ajudando o responsável a solucionar o problema. Isso é exatamente o contrário do que se faz nas reuniões tradicionais, em que as pessoas ficam na defensiva. No entanto, depois de um pouco de prática, os membros da equipe oferecerão ajuda espontaneamente – o primeiro indício de que a rigidez está sendo quebrada e a organização está se tornando ágil.
- A transparência permite que as pessoas vejam como as decisões influenciam cada parte da empresa e as metas comuns. Se a tarefa de alguém é diminuída, a tarefa de outra pessoa precisa aumentar, para que a equipe não deixe de alcançar a meta final. Se as prioridades de alguém mudam, os recursos precisam mudar também. Essas permutas e adaptações podem ser feitas na hora, e todo mundo entende seu motivo. Um crescimento da economia pode criar a oportunidade de vender mais produtos diferencia-

dos, por exemplo, mas os recursos extras para lançá-los e comercializá-los talvez tenham de ser retirados de outra parte do negócio. A transparência enfatiza os fatos, não a política, de modo que as pessoas desejarão oferecer espontaneamente seus recursos e pessoal para atingir as metas e prioridades que o grupo considera mais importantes. Os conflitos se tornam visíveis e são resolvidos.

- Observações sobre o que está acontecendo no contexto externo e como isso está afetando o negócio fazem parte das discussões. Os membros apresentam sua visão pessoal, mas convergem para uma visão comum, que estimula seu senso de urgência em mudar.
- Os membros da equipe podem conduzir melhor sua área da organização, porque conseguem visualizar o progresso do grupo e saber quais são os obstáculos semanalmente.

A frequência das SPGs condiciona o comportamento e atitude das pessoas. Pense no entrosamento de um time de basquete vencedor no decorrer do jogo: os jogadores desenvolvem a habilidade por meio da prática na quadra. O mesmo vale para uma equipe executiva. Por meio da repetição, a colaboração se torna rotina, e esse comportamento influencia outras partes da empresa. As decisões e adaptações ficam mais ágeis não só dentro da SPG, e a organização ganha velocidade. Quem trabalha sozinho e guarda informações só para si geralmente sucumbe à pressão do grupo ou acaba indo embora.

A capacidade de adaptar-se melhor e mais rápido à realidade obviamente aumenta sua vantagem sobre outras empresas. O que não é tão óbvio é que a prática em grupo amplia a visão de líderes funcionais, preparando-os para cargos de gerente geral e CEO.

As SPGs parecem consumir muito do tempo dos grandes líderes, mas, na verdade, elas os liberam, porque eles não precisam planejar as reuniões com antecedência, nem aqueles slides de PowerPoint, que muitas vezes salvam o sujeito na hora do interrogatório. As SPGs também são psicologicamente libertadoras. Mais sutil, porém profundamente importante, é o fato de que a tendência competitiva de acumular informações é superada pelos nítidos benefícios colaborativos da transparência e atos de compartilhar. Já observei muitas vezes que quando as SPGs engrenam, normalmente após seis sessões, as pessoas se tornam menos egoístas ao verem os resultados de trabalhar em equipe para atingir as metas do grupo. A organização se torna ainda mais receptiva quando o próximo nível começa a fazer o mesmo.

A SPG DE SAM WALTON

Sam Walton fez das SPGs seu mecanismo de direcionamento central. Os principais envolvidos se reuniam – gerentes de loja, pessoal de logística, pessoal de publicidade e compradores – e trabalhavam em equipe, assegurando assim que o Walmart cumprisse a missão de oferecer o menor preço. (No início, eles se encontravam diariamente; depois, com o crescimento da empresa, as reuniões passaram a ser semanais.) O grupo focava algumas questões específicas: O que os clientes desejam que não temos? Há muitos produtos na loja que não estão sendo vendidos? Nossos produtos são mais baratos ou mais caros que os produtos da concorrência? (Os participantes obtinham essas informações percorrendo os corredores dos concorrentes.) E ainda: quantos clientes entram na loja e não compram nada? Por já ter estado no setor de varejo durante muitos anos, trabalhando na loja de sapatos de minha família, na Índia, achei essa pergunta incrível. Talvez explique por que o Walmart teve tanto sucesso.

Essas sessões, em que os principais jogadores estavam em campo, fizeram que o Walmart se tornasse ágil, capaz de atender prontamente às necessidades dos clientes. Por conta da prática diária, eles conseguiam resolver conflitos com rapidez e tomar decisões na hora. Se, por exemplo, as lojas ficassem sem estoque de casacos, um comprador se predispunha a obtê-los em quatro dias úteis. Todos na sala tinham a mesma visão do comportamento de clientes e concorrentes. A mentalidade passou a ser outra. Enxergando o negócio como um todo, cada pessoa crescia junto com Walton, tornando-se um pensador menos limitado. Embora a responsabilidade pessoal não tenha se perdido, o trabalho em equipe tornou-se parte do DNA do grupo. Os resultados foram evidentes. Capaz de repor mercadorias com grande rapidez, o Walmart era o estabelecimento com o maior giro de estoque e número de vendas por metro quadrado na época.

Steve Jobs criou um mecanismo similar quando voltou como CEO da Apple em 1997. O mecanismo havia sido aprendido durante sua permanência na Pixar. Jobs admirava muito o CEO da empresa, Ed Catmull, cuja prática diária era fazer com que cada pessoa que estava desenvolvendo esboços para uma animação os postasse online no final do dia. Na manhã seguinte, Catmull e John Lasseter, diretor de criação, revisavam o trabalho e incentivavam outros artistas a criticá--lo. Sou capaz de afirmar que esse intenso processo é responsável pelos 14 anos consecutivos de sucessos de bilheteria da Pixar – o equivalente a ganhar uma medalha de ouro nas Olimpíadas.

Jobs instituiu uma sessão de quatro horas, toda segunda-feira, na Apple, em que pessoas interdependentes discutiam sobre um ou mais produtos. De vez em quando, o grupo incluía fornecedores vindos de Taiwan e da China. Jobs queria todo mundo na sala ouvindo todas as informações simultaneamente, pois acreditava que o diálogo e o debate resultantes fortaleceriam a integração. E, realmente, graças à prática, experts com ego de tamanho considerável apoiavam decisões que beneficiavam os produtos que eles estavam desenvolvendo, não apenas suas próprias unidades.

UMA SPG NA ÁREA DE SERVIÇOS FINANCEIROS

Quando Jenn Hedley passou a integrar o "Long & Short Investment Group" como CEO do departamento de administração de patrimônio em 2009, os clientes ainda sentiam os abalos do desastre financeiro global e davam uma nova importância à confiabilidade de uma empresa de serviços financeiros. A Long & Short tinha uma marca forte, um bom serviço, e não havia vivenciado os problemas que tantas empresas da área de serviços financeiros vivenciaram. Hedley e sua equipe viram uma oportunidade de conseguir um novo negócio. Mas, para dar certo, a organização precisava de velocidade, e isso significava otimizar a conexão entre o pessoal do departamento de administração do patrimônio na empresa e o pessoal que trabalhava diretamente com os clientes. Eles entenderam que uma experiência de consumo de ponta a ponta começa antes da primeira transação do cliente e termina somente depois que o cliente sai da empresa. Na área de serviços financeiros, isso pode levar muito tempo. O relacionamento pode durar uma vida inteira – e até mais, continuando com a geração seguinte. Eles também sabiam que as melhores experiências de consumo são integradas, ou seja, todas as partes ativas internas da organização são sincronizadas de maneira visível para o cliente.

Hedley e sua equipe examinaram sistematicamente os componentes da experiência de consumo e procuraram por desenvolvimentos que a tornassem a melhor da categoria. Eles sabiam que podiam explorar o forte DNA cultural da Long & Short, pelo qual os associados tinham muito orgulho de tratar bem os clientes. Eles também chegaram à conclusão de que uma boa experiência de consumo dependia de uma boa experiência de associados – ou seja, dependia da satisfação dos associados que tratavam diretamente com os clientes. A atitude dos associados exercia uma enorme influência sobre a satisfação do cliente, e, portanto, os relacionamentos de longo prazo que se estabeleciam com os clientes satisfeitos os motivavam.

Como Hedley era nova na organização, ela precisava instruir-se a respeito das experiências desses clientes, suas novas necessidades num mundo em constante transformação, as possíveis melhorias capazes de beneficiar clientes e associados, e as áreas da Long & Short que podia aprimorar, criando novas oportunidades. Hedley viajou bastante, para várias partes do país, obtendo informações pessoalmente em reuniões com clientes e associados da linha de frente. Durante uma das primeiras visitas, o líder de uma unidade que trabalha com chamadas de clientes lhe deu um presente especial: um iPod com 20 horas de gravação de ligações de clientes. Hedley ouviu tudo (e manteve o hábito, ouvindo 20 horas de ligação todo mês) para ter uma ideia de como os clientes se sentiam em relação às suas experiências e procurar formas de aprimorá-las. Em cada conversa, ela incentivava as pessoas a dizerem o que realmente pensavam. "A velocidade é muito importante", explicou Hedley, "e parte da velocidade está vinculada aos feedbacks sinceros e imediatos. As pessoas costumam ser educadas, mas precisamos ir além disso para não desperdiçar tempo tentando descobrir o que elas realmente estão dizendo. Queríamos ouvir ideias sem filtros, mesmo que fosse um tapa na cara."

Hedley também queria preencher qualquer lacuna que existisse entre a linha de frente e o escritório central, sobre questões que a equipe precisava trabalhar em conjunto. Ela organizou encontros nos quais grupos de pessoas da linha de frente foram trazidos ao escritório central para apresentar suas preocupações, enquanto a equipe de líderes basicamente escutava. Esses encontros duraram dois dias. Hedley incentivou a sinceridade saindo do planejado e fazendo perguntas diretas. "Quando fazemos uma pergunta direta, é muito fácil saber se a pessoa está dando uma resposta sincera ou está apenas sendo política." Em uma ocasião, ao sentir que um gerente estava omitindo informações, Hedley lhe perguntou o que o incomodava. O gerente olhou em volta, sem saber se dizia a verdade, e pensou: "Quero realmente que este lugar melhore, então não custa tentar". Ele apresentou o problema que estava tendo em relação à conexão entre a filial e as unidades regionais, e, embora fosse uma questão organizacional espinhosa, a alta administração reconheceu que era verdade. Antes da conclusão de cada reunião, os líderes reviam com os participantes todas as questões apresentadas e tomavam decisões sobre como priorizá-las e resolvê-las.

Para ampliar o escopo além da Long & Short, Hedley enviou pessoas das filiais, das unidades regionais e do escritório central para diversos lugares conhecidos pela experiência de consumo de nível internacional – lugares como a Disney World e o Ritz-Carlton, nos Estados Unidos, mas também para uma série de empresas na Europa e Ásia. Para manter o fluxo de informações entre a linha de frente e os líderes, Hedley trouxe pessoal das filiais para o escritório central, com tarefas específicas por seis meses. Foi criado um site interno no modelo de rede social para receber feedbacks das linhas de frente, além de um programa intitulado "Voz dos Embaixadores dos Clientes", em que pessoas de todo o país tinham a missão de obter feedbacks sobre áreas problemáticas e dar sugestões de melhoria.

No verão de 2009, a equipe havia estabelecido um total de 45 grupos de trabalho, cada um relacionado a um aspecto específico da experiência do cliente ou do associado. Alguns desses grupos estavam relacionados às novas oportunidades e ofertas. Outros, às "pedras" que deviam ser retiradas do caminho para solucionar alguma questão da experiência do cliente ou do associado. Alguns envolviam diversas unidades organizacionais, nas quais uma revisão de ponta a ponta precisava ser concluída.

Por causa da interdependência existente em toda a organização, da profundidade das possíveis mudanças e da agilidade necessária, os grupos de trabalho tinham que ser gerenciados de uma maneira diferente dos processos tradicionais. "À medida que começamos a lidar com as oportunidades identificadas, precisávamos de atualizações regulares do que estava funcionando e do que não estava funcionando como planejado, fazendo correções no decorrer do processo", explica Hedley. "Precisávamos saber exatamente o que estava acontecendo, para poder agir logo e dar continuidade ao trabalho. Tínhamos que nos reunir com frequência, para fazer ajustes e utilizar as novas informações obtidas na tomada de decisões. A cadência, a especificidade e a disciplina em torno dessa estrutura faziam toda a diferença em termos de comunicação, adesão e da nossa velocidade de operação. Além disso, era muito importante, do ponto de vista cultural, mostrar o compromisso da alta administração com a mudança e o foco nos detalhes."

Hedley deu início às SPGs semanais (embora não utilizasse esse termo) com seus subordinados diretos, toda sexta-feira à tarde. Nessas sessões, o grupo tomava decisões sobre recursos e pessoas, alterava algumas prioridades operacionais e desenvolvia uma visão geral do progresso e do que estava por vir. A frequência semanal transmitia um senso de urgência aos membros da equipe. A escolha do dia e do horário foi proposital. "Eu disse a eles que ficaria o tempo que fosse necessário – duas horas, cinco horas ou a noite toda –, sabendo que todo mundo estava ansioso para começar o fim de semana."

"Meu objetivo era que as pessoas não tivessem tempo de preparar apresentações em PowerPoint, pela frequência das reuniões, e apresentassem, portanto, suas opiniões. O curto espaço de tempo das sessões também criaria dinâmica, tornando-nos mais decididos e ágeis."

Foi o que aconteceu. Quando se acostumaram com as reuniões, as pessoas iam direto ao ponto e partiam para a ação rapidamente, tomando as medidas que precisavam ser tomadas. O grupo descobriu que não precisava se despender muito preparando-se para as sessões, liberando tempo para terminar projetos. Os indivíduos que se reportavam aos participantes também ficavam livres.

Em 2010, com o progresso das mudanças, Hedley e sua equipe voltaram-se para outras oportunidades importantes. A tecnologia estava exercendo um profundo impacto no mercado, como produto e como meio de transformar a experiência de consumo. O primeiro iPad foi lançado esse ano, e empresas como Amazon, Netflix, Google e Facebook estavam interagindo com os consumidores de maneiras completamente novas. A Long & Short tinha histórico de líder em inovação, inclusive na área de tecnologia. Por que não aproveitar a força de recursos como digitalização, *big data* e *analytics* para levar a experiência do cliente a um nível totalmente novo?

Hedley começou a contratar especialistas de áreas como análise de dados, tecnologia da informação, algoritmos e ciência da segmentação. A equipe de líderes trabalhou com esses especialistas para identificar dez atividades relacionadas à tecnologia que poderiam exercer um grande impacto nos clientes – coisas como utilizar *big data* para segmentar novamente o mercado, expandindo a presença da Long & Short, otimizar dados e *analytics* para personalizar a experiência de consumo, criar aplicativos móveis e atualizar o centro de contato telefônico da empresa. Cada um desses projetos constituía um *business case* à parte, com seu próprio orçamento, prazo e líder responsável pela tomada de decisões e execução do trabalho.

Embora todos os envolvidos soubessem da missão uns dos outros, os projetos eram isolados. As pessoas trabalhando nessas atividades tinham de ver como seu trabalho se relacionava com os outros. As reuniões de prática em grupo estabelecidas por Hedley em 2009 foram ampliadas para ajudar a equipe a enxergar a conexão entre os projetos e como cada trabalho individual, feitos os devidos ajustes, poderia contribuir para transformar a experiência do cliente. "Precisávamos que as pessoas compreendessem como as peças da estratégia seriam integradas. E tínhamos que testá-las. Por isso, reunimos o diretor de marketing, o diretor digital, o diretor de distribuição, o CFO etc. para que eles pudessem debater o assunto e assegurar que todos os aspectos fossem considerados." As SPGs ajudaram a equipe a desenvolver um sistema integrado no qual tecnologias e algoritmos altamente avançados, criados para facilitar as interações do cliente, funcionavam perfeitamente bem em conjunto, proporcionando uma experiência de consumo bastante agradável.

As sessões continuaram. Reunindo-se semanalmente, a equipe ficou cada vez melhor na utilização de feedbacks em tempo real para mudança contínua, aumentando a agilidade da organização, que se tornou mais direcionável. "Nosso mecanismo de governança está indo muito bem, obrigada", disse Hedley a respeito das SPGs. "O grupo muda com base no que estamos trabalhando, mas precisamos, em cada etapa do processo, nos adaptar continuamente ao feedback em tempo real, reforçando e monitorando as mudanças."

SALVANDO A FORD

Quando Alan Mulally saiu da Boeing (onde tinha passado quase toda a vida profissional) para trabalhar na Ford como CEO, em 2006, deparou-se com a incerteza máxima: se a Ford sobreviveria. A participação de mercado da empresa vinha despencando com a ascensão das concorrentes japonesas, que geravam caixa no mercado norte-americano, enquanto a Ford torrava o seu. A pressão também vinha da possibilidade real de que a GM e a Chrysler declarassem falência, o que eliminaria as dívidas e as liberaria para definir preços de modo mais agressivo, enquanto a enorme dívida da Ford permanecia no balanço patrimonial. Bill Ford, CEO e presidente, tinha comunicado ao conselho diretor que a empresa precisava de um novo CEO e que ele estava disposto a abrir mão do cargo. Se a empresa fosse para a bancarrota, a família perderia o controle.

Já em sua primeira semana de trabalho, Mulally introduziu uma SPG semanal, que acontecia toda quinta-feira. O nome da sessão era "Revisão do Plano de Negócios" (RPN). Todos os líderes seniores foram convocados. Foi um choque para eles, pois estavam acostumados a trabalhar de maneira autônoma, em um ritmo totalmente diferente. Realizavam a "semana de reuniões", cinco dias por mês, uma reunião atrás da outra[11], sem grande espaço para responsabilização e sinceridade, o que não solucionava os problemas da Ford. As RPNs ocorriam toda quinta, sem falta, e Mulally as utilizava para condicionar o pessoal da equipe de liderança a se tornar agentes de mudança. As regras eram claras: o comparecimento era obrigatório, os relatórios de progresso em relação às metas de recuperação da empresa deviam ser sucintos e sinceros, e só importavam os fatos – nada de política ou informações pessoais. Um dos membros da equipe me contou que um executivo que trabalhava fora dos Estados Unidos perguntou a Mulally se ele tinha que comparecer. Mulally disse que ele tinha uma escolha: ou comparecia ou... Nem precisou terminar a frase.

Mulally usou essas RPNs para fortalecer a acuidade perceptiva de sua equipe. "Conversamos a respeito do ambiente de negócios mundial no momento – assuntos como economia, setores de energia e tecnologia, mão de obra global, relações com o governo, tendências demográficas, o que nossos concorrentes estão fazendo, como nossos clientes estão", disse Mulally a um entrevistador da McKinsey. "Evidentemente, estamos o tempo todo viajando o mundo. Faz parte do nosso trabalho. O processo de RPN é a base, pois nos dá uma excelente visão do mundo – a equipe inteira sabe tudo o que está acontecendo. Depois, discutimos os possíveis desenvolvimentos das tendências. Olhar para a frente é fundamental. Não falamos somente do que nossos clientes valorizam agora. Falamos das forças mundiais que definirão o que eles valorizarão no futuro."[12]

Essas mesmas reuniões foram essenciais para a responsabilização e execução das medidas que a Ford tomava para adentrar o novo caminho da abrangente estratégia de cinco anos de Mulally. Cada uma incorporava repetição da meta comum e revisão dos objetivos operacionais, que eram exibidos em quadros com cores em código (vermelho, amarelo ou verde). Os quadros ficavam expostos na parede, junto com fotos do membro da equipe de liderança responsável pelos resultados[13]. A sala tornou-se o equivalente à quadra de um time de basquete. Todas as semanas, o progresso desde a semana anterior – ou falta de progresso – era exibido nos quadros. Os obstáculos tornavam-se evidentes, e Mulally os solucionava na hora. O impacto de qualquer mudança em uma unidade era visível em todas as outras unidades – uma forma muito nova de compartilhar informações em um mundo em que os líderes estavam acostumados a gerenciar o fluxo de informações para autopreservação. Com a adaptação, eles acabaram valorizando o novo modelo.

Mulally reforçou a importância do trabalho em equipe exigindo respeito mútuo e união de esforços para solucionar problemas nas reuniões, encarregando-se de verificar que todos estivessem se comportando como um jogador de equipe. "A responsabilidade aqui é ajudar todo mundo na equipe a transformar os pontos vermelhos em pontos amarelos, e os amarelos em verdes, apresentando caixa e lucros crescentes todo ano", explicou Mulally[14]. Quando Mark Fields, CEO da Ford, numa demonstração de coragem admitiu que estava tendo problema com o lançamento do Edge em uma das primeiras RPNs realizadas, Mulally elogiou sua sinceridade e, sem se alterar, perguntou à equipe: "Quem pode ajudar o Mark nesse assunto?". O resultado foi gratificante: as pessoas ofereceram sugestões, recursos e ideias para mudar as prioridades[15]. Toda a equipe de liderança da antiga Ford foi mantida com a transição da empresa, fora os membros que se aposentaram, um que saiu para um emprego melhor e outro que foi dispensado. A mentalidade, porém, era outra. As decisões eram tomadas mais rapidamente, e as ações eram coordenadas. As pessoas ficavam muito felizes com suas realizações. E mais: todos entenderam que, graças às SPGs, os líderes passaram a considerar a empresa como um todo unificado, sendo testados para cargos maiores de presidente do departamento de lucros e perdas, gerente nacional etc. Bom exemplo: Mark Fields é o atual CEO da Ford.

Por enquanto, não existe melhor forma de fazer que uma organização se torne ágil do que a SPG, uma ferramenta necessária em tempos de incerteza estrutural. Já vi diversas empresas adotando-a. No próximo capítulo, veremos a história da Keurig Green Mountain.

Capítulo 13

Como a Keurig Green Mountain adotou a sessão de prática em grupo

A Keurig Green Mountain ocupou as manchetes dos jornais em maio de 2014 quando a Coca-Cola aumentou sua participação na empresa de tecnologia de torrefação de café de 10% para 16%. Como a Coca-Cola não faz investimentos passivos em outras empresas, a decisão gerou bastante especulação sobre o que a aliança poderia representar, especialmente para grandes concorrentes como a Dunkin' Donuts e a Starbucks, que vinham exercendo pressão sobre o mercado de máquinas personalizadas de café da Green Mountain. Enquanto isso, nos bastidores, o CEO Brian Kelley estabelecia um mecanismo para conduzir a organização a um novo caminho, mais ofensivo.

A Green Mountain foi inaugurada na década de 1980 como uma pequena empresa de torrefação de café em Waterbury, Vermont, abrindo o capital no início da década de 1990. A compra da Keurig, fabricante de máquinas de café individuais, em 2006, estabeleceu a base para um enorme crescimento. Depois de surpreender a indústria de bebidas abandonando um altíssimo cargo na Coca-Cola para se tornar CEO da Green Mountain em 2012, Kelley liderou um movimento agressivo de inovação das máquinas de café, para que elas chegassem aos escritórios e residências. A fim de aumentar a atratividade do produto, o empresário fechou parcerias com uma série de companhias de café e chá de modo a fornecer "cápsulas K" para as máquinas da Keurig. O faturamento e os lucros por ação subiram consideravelmente, crescendo em grandes porcentagens por vários anos, chegando a US$ 4,3 bilhões e US$ 3,39 bilhões, respectivamente, em 2013.

Essas realizações do estágio inicial da empresa serviram de combustível para levá-la a uma nova plataforma de crescimento. Mas Kelley estava focado também na estratégia. Ele sabia que, a menos que conseguisse atrair atenção e recursos para a execução, o plano, por mais brilhante que fosse, não daria em nada. Afinal, havia muitos concorrentes no setor, e a Starbucks e a Nestlé tinham introduzido no mercado suas próprias máquinas de café, colocando a Keurig Green Mountain em situação de alerta. Em janeiro de 2014, Kelley lançou o que mais tarde acabou chamando de SPG, para integrar todas as funções em torno do negócio, envolvendo 25 líderes.

Kelley me pediu para ajudar a organizar e conduzir a reunião inaugural. Depois de uma breve introdução, passei logo um exercício para o grupo. Pedi aos participantes para escreverem quais eram as três principais prioridades para o trimestre seguinte. Acostumados com sessões de planejamento que focavam um período de um, dois ou três anos para a frente, todos ficaram surpresos com meu pedido, mas minha intenção era ajudá-los a focar a execução das medidas de curto prazo que faziam parte da jornada. Após alguns minutos, pedi ao grupo para listar essas prioridades na parte de baixo de um papel em branco e, em cima, escrever as cinco tarefas principais associadas com cada prioridade. Cada pessoa leu seu exercício para as outras. Era a primeira vez que eles ouviam as prioridades e tarefas uns dos outros. Aí veio a parte divertida: pedi que eles pegassem os marcadores espalhados sobre a mesa e designassem uma cor para cada tarefa, vermelho, amarelo ou verde, dependendo do progresso de cada uma.

Penduramos as 25 folhas na parede, e, em semicírculo, começamos a analisá-las. "O que vocês veem?", perguntei. As pessoas estavam visivelmente constrangidas que havia muito vermelho e muito pouco verde. "Isso é normal em qualquer empresa", comentei, tranquilizando-os. "Continuem procurando." Nesse momento, os membros da equipe começaram a notar que os pontos vermelhos tinham algo em comum: os indivíduos com expertise técnica dos quais eles dependiam estavam sendo exigidos demais. Discutimos por que essas pessoas estavam sobrecarregadas e ficamos sabendo que a contratação de especialistas já tinha sido orçada e aprovada, mas ninguém tinha sido contratado. O CEO voltou-se para o pessoal do RH e perguntou o que estava atrapalhando. O problema era que os líderes de RH não estavam disponíveis para entrevistar os candidatos. A solução parecia óbvia para todo mundo.

Outras questões surgiram, dois líderes estavam lidando com tarefas igualmente importantes. Elas deveriam ser integradas? Será que uma era mais importante que a outra? O grupo tomou a decisão de integrá-las. Outra tarefa importante estava pintada de vermelho porque um fornecedor vinha atrasando na entrega. De novo, todos procuraram juntos uma forma de solucionar o problema em curto prazo. Ninguém precisou dizer que o propósito do exercício era ajudar as pessoas a transpor obstáculos, a ir de vermelho para amarelo, e de amarelo para verde. A coisa acontecia naturalmente.

O grupo reuniu-se com regularidade por três meses. Quando Kelley encontrava as pessoas entre uma reunião e outra, solicitava feedback sobre as SPGs. Um comentário que ouviu certa vez de um de seus subordinados diretos era que, embora as sessões servissem para expor alguns problemas e resolver algumas questões, ele sentia que Kelley utilizava os encontros para exercer controle e criar mais burocracia. O comentário incomodou Kelley, que refletiu sobre o assunto antes da sessão de meados de abril, para a qual fui novamente convidado para conduzir.

Estava na hora de explicitar o propósito e os benefícios esperados, para crescer com base no que havia sido estabelecido. Kelley abriu a SPG de abril de 2014 lembrando a todos da visão da empresa para 2020, apresentando, de maneira clara e direta, a direção estratégica da companhia. O grupo assistiu a um vídeo de três minutos que Kelley preparou para incentivá-los e lembrar o sucesso que vinham obtendo até o presente, além da promessa não cumprida. "Precisamos nos manter unidos nesta jornada", disse o empresário. Eles precisavam executar dois projetos decisivos para o futuro da empresa e até do setor, ambos envolvendo quase metade dos presentes na sala. "Devido ao momento do lançamento, precisamos agir com urgência e sincronizar nosso trabalho. É para isso que servem estas sessões. Todos nós teremos contratempos, como falhas de fornecedores, mas não podemos atrasar decisões sobre mudanças de tarefa ou adaptações de recursos por causa disso."

Nesse momento eu entrei, como havia combinado com Kelley, para explicar o conceito da prática em grupo com mais detalhes e incentivar o pessoal a ter uma visão mais abrangente da meta em comum, em vez de focar os interesses próprios de cada departamento. Reparei no valor de disponibilizar informações para todos ao mesmo tempo e sem filtros, e de estar na mesma sala quando decisões estão sendo tomadas. Lembrei o grupo de que isso foi exatamente o que tinha acontecido espontaneamente na reunião de janeiro. "Uma coisa é falar sobre alinhamento", eu disse. "Quando descobrimos onde falta alinhamento em termos de prioridade, metas e recursos e fazemos alguma coisa a respeito, aí sim podemos falar de alinhamento."

Um dos membros da equipe se abriu: "Eu estava tentando entender o sentido dessas reuniões, mas não estava conseguindo. Agora entendo". Se alguém não estava convencido ainda, acabaria se convencendo pela discussão e resultados seguintes.

Kelley criou uma planilha para facilitar a identificação de problemas nas diversas prioridades, semana a semana. Os membros da equipe deveriam completá-la com cada prioridade. A coluna 1 mostrava qual das dez principais prioridades da empresa estava sendo focada. A coluna 2 descrevia as tarefas fundamentais associadas com a prioridade em questão, identificando o responsável direto pelas tarefas. A coluna 3 dizia como o progresso seria avaliado. A coluna 4 apresentava o nome das pessoas de quem a tarefa dependia, sobretudo, indivíduos que estavam além de seu controle direto. A coluna 5 mostrava os bloqueios ou maiores obstáculos a serem superados.

Kelley entregou a planilha a dois membros da equipe que haviam supervisionado dois dos projetos mais importantes da empresa, pedindo a eles que preenchessem a planilha antes da reunião. Primeiro foi Tara. Sua tarefa era bastante complexa e dependia da resolução de algumas questões técnicas bem complicadas. Muitas dúvidas surgiram quando ela explicou a planilha, mas ela respondeu a todas as perguntas. Ficou claro que ela precisava de mais engenheiros e ajuda de pessoas de outros departamentos. A decisão de transferir algumas pessoas de outro projeto foi tomada ali mesmo. Alguns disseram que ela deveria incluir um indivíduo com certa expertise, e ficou resolvido que seu gestor dedicaria parte de seu tempo. A discussão levou uma hora e meia, e, nesse tempo, Tara passou a ter certeza de que receberia o que precisava – nesse caso, pessoas, não dinheiro – para evitar atrasos. Ela se sentiu mais motivada sabendo que, com aqueles ajustes, seria capaz de continuar progredindo.

O grupo passou para a segunda planilha, seguindo o mesmo processo. No decorrer da discussão, outra necessidade veio à tona, dessa vez relacionada com gastos. Era evidente que, se a empresa quisesse partir para o ataque com mais inovação, seria necessário fazer um considerável investimento de dinheiro por três anos. E o dinheiro não apareceria do nada. Teria de ser realocado. O grupo começou a discutir como fazer isso, até que Charlie, cujo orçamento era relativamente alto para uma área do negócio que estava em declínio, ofereceu-se para ajudar. Foi um ato heroico, do ponto de vista empresarial. Não teria sido certo pegar dinheiro de Charlie sem antes ajustar seus indicadores-chave de desempenho, de modo que essa mudança foi realizada logo depois.

Já no fim da reunião, propus algumas perguntas de reflexão, entre elas: o que poderia colocar tudo a perder? Isso fez Tara pensar em um problema técnico não resolvido, e logo percebeu que a solução estava fora da empresa. O grupo chegou à conclusão de que precisava de alguém que fizesse pesquisa em tempo integral.

Vinte e cinco pessoas passaram o dia inteiro em uma reunião. "Valeu a pena?", perguntei. "Sim", responderam em coro, porque o grupo tinha conseguido ver o negócio como um todo, identificando os bloqueios e, em muitos casos, solucionando-os. Agora, todo mundo sabia onde focar quando voltasse para o trabalho, e tudo em alinhamento com o que acontecia no restante da empresa. Apesar de ser uma novidade, as SPGs tornaram-se rotina bastante agradável, trazendo agilidade inédita para a companhia.

***

AS SESSÕES DE PRÁTICA EM GRUPO são um mecanismo de direcionamento fundamental para a liderança de uma organização, onde as unidades devem ser divididas para alcançar as metas da empresa e encontrar um novo caminho, mas também são bastante úteis em outros níveis organizacionais, em que se requer decisão em conjunto. Delegar essas decisões não basta. Você precisa analisar cuidadosamente os processos de tomada de decisões de sua organização para assegurar que as decisões estejam em sincronia com a velocidade e a natureza da mudança. Um novo caminho certamente exigirá grandes mudanças em termos de tomada de decisões. A não realização dessas mudanças constitui uma fonte de rigidez. No próximo capítulo, veremos como usar a tomada de decisões como ferramenta para trazer agilidade à organização.

Capítulo 14

Tomada de decisões: o quê, quem, como — concentrando-se nos principais nós de decisão da organização

Digamos que você identificou um novo caminho para a empresa. Para conduzi-la nessa direção provavelmente será necessário mudar a forma de tomar decisões fundamentais. Sua capacidade de analisar o processo de tomada de decisões de sua organização é uma parte importante do direcionamento em meio às grandes curvas da estrada, fazendo pequenos ajustes no decorrer da jornada. O mais provável é que você precise encarregar pessoas de algumas decisões, certificar-se de que elas estão levando em conta diferentes informações – sobretudo, as externas – e incluindo diferentes tipos de expertise, como talento matemático, com um nível maior de trabalho em equipe. A menos que você realize as mudanças necessárias no processo de tomada de decisões, sua organização pode acabar paralisando, e seus grandes planos indo por água abaixo. Você precisa identificar os nós de decisão essenciais: os pontos específicos da organização em que as principais decisões são tomadas[16].

Comece se perguntando *o quê*. Quais são as principais decisões, aquelas fundamentais para o negócio e que norteiam muitas outras decisões? Isso lhe indicará os nós. Depois, pergunte-se *quem*. Quem deve ser responsável pela tomada de decisões e quem mais deve estar envolvido no processo? Preste atenção a quem está exercendo poder. Talvez não seja o tomador de decisões oficial. E não pare por aí. Repare em *como* as decisões estão sendo tomadas: que fatores estão sendo considerados, que informações são utilizadas, quantas alternativas são apresentadas, o que está sendo enfatizado, que regras práticas estão sendo aplicadas. Uma decisão requer contribuições de diversos pontos de observação e áreas de expertise. A colaboração está realmente acontecendo?

Respondendo a essas perguntas no nível mais básico, você saberá o que propicia ou prejudica o processo de seguir em uma nova direção e lidar com incertezas desconhecidas – mantendo-o no caminho certo.

IDENTIFICANDO OS NÓS DE DECISÃO

Para encontrar os principais nós de decisão, trabalhe retroativamente a partir das ações essenciais que devem ser colocadas em prática. Prosperar em mercados locais de outros países, por exemplo, significa entender melhor esses mercados e agir mais rápido do que os concorrentes locais, para que sejamos ofensivos. Decisões sobre mix de produtos, precificação etc. provavelmente deverão ser tomadas próximas à ação, o que para muitas empresas significa colocar gerentes de lucros e perdas como encarregados de todas as linhas de produto de um país – um importante nó de decisão para prosperar nesse mercado.

Um nó pode ser um indivíduo, mas geralmente é um grupo de pessoas, com um responsável pelo grupo. No Capítulo 12, vimos como Jenn Hedley, do departamento de administração de patrimônio da Long & Short, utilizou as SPGs para unir as diversas partes da organização e criar uma plataforma integrada de modo a colocá-los na ofensiva. Esse grupo era um nó de decisão, e Hedley era a encarregada. O ponto de partida para identificá-lo e definir quem deveria fazer parte do grupo foi a meta que ela queria alcançar: uma plataforma tecnológica que integrasse software sofisticado e algoritmos para proporcionar aos clientes uma experiência gratificante. Os especialistas que trabalhavam em diversos projetos de TI precisavam estar envolvidos, assim como os profissionais com grande conhecimento dos clientes. Hedley, então, convocou líderes do departamento de vendas e marketing, formando outro nó. As SPGs realizadas toda semana fizeram que as pessoas desse nó – tecnologia, marketing e vendas – trabalhassem em equipe pela primeira vez, adaptando continuamente suas prioridades, recursos e KPIs.

Os líderes, quando se deparam com novos desafios, costumam fazer mudanças na estrutura organizacional ou pessoal. Essas medidas podem ser necessárias, mas ignoram o que talvez seja o fator mais importante: olhar com novos olhos os nós de decisão para que as peças da organização em movimento funcionem juntas, de maneira diferente de como era no passado. Recentemente, eu estava trabalhando com "Bill Navarro", CEO de uma empresa de equipamentos médicos portáteis. Bill tinha um plano de três anos muito ambicioso, mas ele estava preocupado com a agilidade da organização. Perguntei a ele do que dependia o sucesso da empresa, e ele respondeu que a empresa precisava lançar cinco novos produtos no ano seguinte, cinco no segundo ano e mais cinco no terceiro. Uma meta deveras ambiciosa, ainda mais considerando que a empresa tinha lançado apenas três produtos nos últimos três anos. Para alcançar a meta, seria necessário refletir bastante sobre os nós de decisão.

"Você tem talento técnico?", perguntei.

"Não o suficiente", ele respondeu, explicando as dificuldades de encontrar pessoas com o equilíbrio certo entre treinamento e experiência, tanto na área de saúde quanto em software – não qualquer software, diga-se de passagem, mas softwares sofisticados, com algoritmos para lá de complexos. Pessoas com essa habilidade são raras.

"O que você está fazendo para recrutá-las?", continuei.

"Não temos sido agressivos e não estamos tendo sucesso. Por isso, no momento, estamos nos esforçando para encontrar um novo diretor de RH que possa se dedicar a resolver esse problema."

Fiquei impressionado que essa decisão não podia ser adiada, e ele é quem tinha de assumi-la. Ele era o nó de decisão. Os lançamentos dos produtos eram outra história. Sua importância sugeria um nó de decisão crucial que integrasse, de maneira apropriada, dados sobre o cliente, tecnologia, regulamento, fabricação, vendas e finanças. Quem fosse encarregado de tomar essas decisões precisaria de habilidades de integração, como capacidade de receber informações de muitas fontes, criatividade para propor diferentes alternativas e coragem para decidir e agir. Para evitar que as informações fossem distorcidas, as pessoas certas tinham que estar envolvidas simultaneamente. O tomador de decisões precisa fazer que o grupo se sinta à vontade para compartilhar informações e fazer escolhas.

Bill precisará dedicar bastante tempo e energia a estes dois nós de decisão. Primeiro, ele precisa se envolver profundamente na contratação de um novo diretor de RH: ele sabe, melhor do que ninguém, que tipo de talento é necessário, e seu envolvimento pessoal servirá de ímã para atrair um profissional de alto calibre.

Segundo, ele precisa consultar frequentemente o nó que tomará decisões sobre que produtos desenvolver. Precisa atentar para que o fluxo de informações e a comunicação nesse nó propiciem uma visão geral, facilitando o processo de tomada de decisões. Eles resolvem as questões rapidamente? E eles têm os recursos necessários para agir? Se a resposta for não, alguma coisa tem que mudar para desfazer essa rigidez. A agilidade das decisões depende de Bill. Se ele não focar esses dois nós cruciais, não será capaz de lançar os novos produtos que precisa nos próximos três anos. Se focar, a sequência de sucessos o colocará em posição bem ofensiva.

Para explorar um novo caminho, talvez seja necessário criar um nó totalmente novo. No Capítulo 3, falamos sobre a entrada da GE na internet industrial e seu potencial como fonte de grande crescimento para a empresa. Transformar a companhia em um importante protagonista da era digital lhe trará concorrentes com experiência em *analytics* e algoritmos, como a IBM. O CEO Jeff Immelt percebeu que a GE ia precisar de uma reciclagem total nessas áreas para atender os clientes industriais – o que também seria a base para a transformação da empresa em termos de projetos, fabricação e serviços. Para ter sucesso nessa mudança monumental, Immelt criou um novo nó de decisão que, além de criar um novo negócio, também serviria como alavanca para transformar a GE numa empresa da nova era. O empresário optou que o nó de decisão ficaria no Vale do Silício, bem longe da matriz e próximo de onde as pessoas moravam. Bill Ruh, da Cisco, foi contratado como diretor. E Immelt teve que investir milhões de dólares, ignorando o movimento de redução de despesas da companhia após o desastre financeiro. O novo nó presta contas a Mark Little, gestor de P&D, mas Immelt interage diretamente com Ruh – uma clara indicação da importância do nó. Não é por acaso que a GE, atualmente, é a líder da internet industrial. A empresa está se transformando rapidamente, e essa capacitação digital será essencial para integrar a recente aquisição da Alstom, a fabricante francesa de produtos industriais pesados, como turbinas e trens de alta velocidade.

SELECIONANDO OS LÍDERES DOS PRINCIPAIS NÓS

É fundamental que as pessoas certas estejam encarregadas de nossas decisões mais importantes, mas mudá-las geralmente é muito pessoal. Contratos psicológicos podem interferir no julgamento. Já vi muitos líderes frios e calculistas ignorarem o fato – óbvio para os outros – de que um indivíduo responsável por um nó de decisão está bloqueando o progresso. Vi isso acontecer na "Acme Media", uma grande empresa de comunicação que enfrentou muita dificuldade para migrar da mídia impressa para a mídia digital. A equipe de líderes havia se reunido inúmeras vezes para discutir o impacto da digitalização sobre o negócio, e ninguém duvidava de que eles precisavam abandonar a mídia impressa, e rápido. Mas toda vez que o grupo se reunia, eles estavam exatamente no mesmo lugar – ainda à espera de dar os primeiros passos para reinventar o negócio –, enquanto o faturamento caía vertiginosamente.

Frustrado com a falta de progresso e o risco que a empresa estava correndo de não transformar sua atividade principal, Jack, o CEO, tinha que localizar o bloqueio. Pensando na situação, ele chegou à conclusão de que Sarah, a pessoa que ele havia escolhido para conduzir a transformação, era o problema. Sarah tinha acesso a uma série de recursos e contato direto com todos os principais líderes, mas não parecia interessada em recrutar pessoas com expertise digital. Jack tinha todos os motivos para desejar o sucesso de Sarah. Eles trabalhavam juntos há muitos anos, e ele a respeitava bastante por seu talento profissional. Mas, ao sentir que ela não estava presente de corpo e alma no negócio, a questão ficou clara: Sarah não se esforçava para migrar da mídia impressa para a mídia digital simplesmente porque ela não queria. Toda sua carreira havia sido construída com a mídia impressa. Essa era a sua zona de conforto.

Aí veio o desafio de decidir o que fazer e, mais difícil ainda, fazer. Depois de muitas noites sem dormir, Jack superou suas barreiras psicológicas. Procurou manter Sarah com um contrato de longo prazo como diretora de mídia impressa, embora soubesse que ela poderia sair a qualquer momento quando percebesse que sua área diminuía gradativamente. E Jack tomou coragem para contratar um novo profissional para liderar a área de mídia digital. Com uma nova pessoa encarregada do nó, e novos profissionais contratados logo depois, as decisões passaram a ser tomadas, e o novo negócio começou a consolidar-se.

Também testemunhei muitas situações similares em que um único indivíduo está atrasando uma transição importante e ninguém fala nada, porque o indivíduo em questão tem poder, recursos, redes informais ou habilidades indispensáveis. Em um dos casos, o presidente de uma divisão estava frustrado pela indecisão de um subordinado direto que tinha 40 pessoas fundamentais em sua unidade. O presidente sabia exatamente quem estava atrapalhando as coisas. Quando lhe perguntei por que ele não fazia algo a respeito, ele respondeu: "Ele é o queridinho do CEO". Será que o CEO sabia que esse sujeito era um procrastinador?

O presidente não tinha pensado nisso. Verificou o progresso das metas planejadas e tomou coragem para colocar as cartas na mesa.

Embora a dificuldade de confrontar alguém possa suscitar compaixão ou dúvidas não expressas, não podemos permitir a obstrução do sistema social. Seja realista ao avaliar se a pessoa é capaz de mudar. Pela minha experiência, apesar de ser possível modificar alguns pequenos hábitos se a pessoa investir nisso, o comportamento essencial não muda. Suprimir esse comportamento pode funcionar por um tempo, mas, na hora do vamos ver, as pessoas costumam voltar a seus velhos padrões.

Para facilitar o processo, esqueça as avaliações de desempenho e utilize o bom senso para responder a três perguntas simples sobre os indivíduos encarregados dos nós de decisão: A pessoa tem atitude para esta posição? Tem as habilidades sociais necessárias? Tem expertise?

A pessoa tem atitude para esta posição? Muitas pessoas mudarão de foco e atacarão as novas prioridades com o maior prazer, desde que o líder mostre a direção. Alan Mulally, da Ford, mudou de direção sem arrumar a casa, como Lou Gerstner da IBM fez na década de 1990, ao redefinir o caminho, reduzindo a dependência dos mainframes a favor dos softwares e serviços, e salvar a empresa da falência.

Mas algumas pessoas não mudarão. Se alguém resistir por muito tempo, precisamos remediar a situação antes que a organização calcifique. Refiro-me novamente à regra dos 98-2, que apresentei no Capítulo 10: 2% das pessoas numa companhia influenciam fortemente os 98% restantes. Elas são flexíveis e ágeis o suficiente para aderir à nova direção? Em muitos casos, apenas uma ou duas pessoas carregam o peso.

A pessoa tem as habilidades sociais necessárias? Não estou me referindo aqui a ser uma pessoa boa de papo. A questão é saber fazer as perguntas certas, buscar informações e pontos de vista contrários, colocar-se no papel de juiz e de *coach*, e fazer que as pessoas do nó trabalhem em equipe – sem a necessidade de consenso unânime. A pessoa deve ser capaz de administrar os relacionamentos para um novo propósito, uma nova direção, mantendo, ao mesmo tempo, o foco de todos na meta e no prazo. Precisa ter contato com outros tomadores de decisões. E tem que demonstrar as características essenciais. A sinceridade, por exemplo, é contagiante.

A pessoa tem expertise? A realidade é que, em muitas situações dinâmicas, um grupo totalmente novo de tomadores de decisões, com novos tipos de expertise (ou que pelo menos estejam abertos para incluir outros com a expertise necessária), talvez tenha que ser admitido, recebendo autonomia suficiente para poder demonstrar resultados.

LOCALIZANDO A EXPERTISE NECESSÁRIA

Você deve ser claro e específico sobre quem precisa estar no nó. Uma estratégia comum hoje em dia é usar a matemática para transformar a experiência de consumo. Nesse caso, o nó deve incluir uma pessoa com essa expertise, além de pessoas que entendam de consumo e competição de mercado, tanto tradicional quanto nova.

A pergunta, então, é: onde as pessoas com essas novas habilidades devem ser alocadas? E mais: a quem elas devem se reportar para que sua expertise seja utilizada nas principais decisões? Se elas forem especialistas em tecnologia, a resposta instintiva é colocá-las na área de tecnologia da informação, com o líder da equipe de analítica reportando-se ao diretor de TI. Essa disposição não é a ideal. Por mais brilhantes que sejam, as pessoas que trabalham no departamento de TI costumam pensar mais limitado. É melhor colocar a pessoa com conhecimento matemático em nós que lide com grandes decisões. Ela deve trabalhar diretamente com pessoas da linha de produção e/ou o CEO ou presidente, para influenciar na estratégia da empresa e ajudar a encontrar novas fontes de renda e formas de aumentar a satisfação do cliente. Por exemplo, para fazer que o pensamento algorítmico seja incorporado nas decisões que influenciam todo o negócio, a Nike decidiu recentemente que o diretor de analítica preditiva deveria se reportar diretamente ao presidente da empresa, não ao diretor de TI.

Em outro caso, os líderes de uma companhia de equipamentos médicos desenvolveram uma estratégia para produzir a "Engenhoca 2020", um dispositivo portátil que enviaria e receberia imagens de exame digitalizadas. Eles perceberam que, embora a equipe de engenharia tivesse a expertise médica e científica para produzir o aparelho, poucos sabiam de cálculos, análises de dados e algoritmos. Esses projetistas tradicionais veriam a inclusão de algoritmos do ponto de vista incremental, enquanto os profissionais com capacitação analítica reconceituariam o dispositivo. Os algoritmos seriam a base do projeto, permitindo que outras características do produto fossem personalizadas em torno deles.

Essa necessidade de uma mudança radical, mas necessária, na composição da equipe de engenharia criou um grande dilema para a alta administração. Os antigos engenheiros haviam feito uma importante contribuição para o sucesso da empresa, mas suas habilidades já não eram relevantes. Seria uma decisão dolorosa e desagradável pedir para eles saírem. A alta administração também teria de assegurar que os novos profissionais tivessem a força necessária para produzir o dispositivo. A ação que essa empresa teve que realizar é similar ao que Steve Jobs fez quando voltou para a Apple em 1997. Ele disse a Edgar Woolard, líder do conselho diretor da Apple e ex-CEO da DuPont, que teria de substituir a maioria dos engenheiros e trazer novos projetistas com as habilidades e força para levar a empresa adiante. Os resultados falam por si mesmos.

MONITORANDO O FUNCIONAMENTO DOS NÓS

Uma vez definidos os principais nós de decisão e seus integrantes, é importante considerar como eles estão trabalhando. As decisões são tomadas tanto informal quanto formalmente? A pessoa encarregada do nó tem poder, ou outra pessoa é mais influente? Que informações estão sendo utilizadas? São informações externas? Essas informações estão sendo usadas em tempo real? Que regras de decisão são seguidas? Além de criar nós de decisão corretamente, você também precisa assegurar que eles tenham as prioridades e incentivos apropriados, sondando-os constantemente para saber se eles estão funcionando direito e trabalhando em equipe. Em caso negativo, você precisa descobrir o porquê e solucionar o problema. Talvez o tomador de decisões tenha um bloqueio organizacional, como a incapacidade de conseguir a expertise necessária de outro departamento, e a diretora de projeto se recuse a oferecer profissionais técnicos sob sua supervisão ao nó em questão. Ou talvez a pessoa tenha um bloqueio psicológico que a impede de expandir suas redes para obter a visão externa de que ela precisa. É bom falar sério com essas pessoas. Se você não intervier para manter os nós de decisão em sincronia com as mudanças e ações externas, estará reforçando a rigidez.

Pense nas conexões necessárias que o nó deve ter com fontes de informação cruciais, de expertise e outros tomadores de decisões. Boas decisões requerem informações internas e externas sempre atualizadas, e até as fontes dessas informações talvez tenham que mudar. A tendência comum é utilizar informações internas – com pouco foco nos fatores externos, em rápida transformação – e fontes de informação conhecidas, geralmente especialistas da própria empresa, com quem o tomador de decisões já tem um relacionamento de longa data. A utilização de informações estritamente internas e apartadas da ação, somada à tendência de pensar no que funcionou no passado, cria uma visão linear do futuro. As fontes de informação habituais talvez sejam também muito homogêneas para oferecer alternativas criativas. Essas limitações prejudicam o direcionamento.

É nesse ponto que a digitalização pode ser transformadora. Ela propicia informações em tempo real e ajuda a desenvolver o trabalho em equipe e a tomada de decisões nos nós, sobretudo, quando eles estão ligados a fontes externas. Além de criar novas possibilidades para atender os consumidores, a nova tecnologia também cria novas possibilidades de direcionamento para uma organização. Por exemplo, uma montadora obtém dados digitais online de suas vendas de automóveis nos Estados Unidos de centenas de zonas geográficas. Depois, ela usa os algoritmos para analisar que marcas estão superando ou não a concorrência, dependendo da região. Como resultado, a empresa é capaz de manipular seus gastos com publicidade, determinando, por meio de ferramentas preditivas, quantas unidades de determinada marca produzir em determinada fábrica.

Um líder criativo, tendo nascido na era digital ou não, explorará o potencial da digitalização para ultrapassar outras empresas incapazes de responder tão rápido. Você poderia, por exemplo, utilizar *big data* e algoritmos para alimentar informações sobre os padrões de compra dos consumidores diretamente nos nós de decisão que precisam dessas informações. Desse modo, as pessoas podem, imediatamente, fazer os ajustes que considerarem necessários – digamos, na especificação do produto, no mix de produtos ou na definição dos canais de vendas que devem receber maior ênfase e publicidade –, como a montadora descrita acima. Essas conexões diretas aumentam a velocidade.

Empresas que nasceram digitais, como a Amazon e a Zappos, constroem seu potencial competitivo não apenas acumulando dados do consumidor, mas também pela capacidade de agir rapidamente com base nesses dados. Alguns processos de tomada de decisões são automatizados, mas, mesmo quando não são, existem algumas camadas organizacionais por onde as informações são filtradas.

Elas chegam aos tomadores de decisão instantaneamente, e eles podem mudar de direção ou de prioridades com rapidez. Utilizando as tecnologias de decisão desde seu advento, essas organizações são bastante funcionais, alimentando informações diretamente nas máquinas ou nós de decisão que precisam delas. Essas possibilidades estão disponíveis para qualquer empresa que focar os nós de decisões essenciais e estiver disposta a investir em novas tecnologias digitais.

Você precisa verificar se o poder no nó está mudando. Os organogramas não apresentam uma imagem precisa de quem tem poder, muito menos de como cada um utiliza esse poder, porque é uma representação fixa de pessoas em estruturas predeterminadas. Você pode descobrir quem tem poder averiguando quem tem influência e controle dos recursos. Líderes que receberam autoridade formal sobre certas decisões muitas vezes são incapazes de exercê-la sem a cooperação daqueles que controlam os recursos de que eles precisam. É aí que o processo paralisa, gerando frustração.

Um problema similar surge quando a pessoa encarregada pelo nó de decisão tem muitos recursos, mas não permite que esses recursos sejam deslocados. Ignorado, esse tipo de rigidez é muito pior nos níveis mais altos da organização, onde o poder é mais concentrado. Já vi muitas organizações importantes travadas por uma pessoa da alta administração que simplesmente não permite que seus subordinados mudem de foco, mesmo quando sua expertise é necessária em outro lugar. Um gerente de engenharia que se recusa a liberar engenheiros para trabalhar em um projeto importante cria rigidez que limita a capacidade da organização de lidar com a incerteza. Cuidado com outras táticas que atrasam o processo e causam rigidez nos nós de decisão, incluindo indisponibilidade para reuniões; adiamento de decisões; constante necessidade de informações e estudos externos, caros e demorados; falta de investimento em novas iniciativas; e, talvez a questão mais traiçoeira de todas, o artifício comum de designar uma pessoa fraca para a iniciativa.

Na "Wraps & Caps Company", grande produtora de embalagens para bens de consumo, "Mike Vitale", diretor de inovação, controlava um grande orçamento. Esse fato não foi explicitamente considerado quando o CEO designou um novo líder jovem e uma nova equipe para desenvolver novos produtos para dois mercados em que a empresa estava tentando entrar. A equipe fez seu trabalho e propôs inúmeras ideias, mas Vitale não bancou nenhuma. Os recursos foram para ampliações de produtos nos mercados existentes da empresa. Para piorar, esses projetos exigiam grandes investimentos, acabando com o dinheiro que poderia ter ido para novos projetos. A equipe ficou bastante frustrada e, por muitos meses, a alta administração ficou sem entender por que os números não estavam indo na direção correta. Quando o CEO finalmente chegou à raiz do problema, encarregou uma nova pessoa da inovação, um sujeito que controlava os gastos da empresa com inovação, mas tinha diferentes critérios em relação à sua distribuição. A Wraps & Caps começou a voltar ao eixo.

Praticamente toda organização tem nós de decisão interdependentes entre si, alguns de fora da organização no ecossistema. (Não nos esqueçamos do fato de que, embora eu esteja usando o termo *nó de decisão*, estamos falando de seres humanos interagindo uns com os outros e tomando decisões.) Em grandes companhias globais, existem centenas de nós, numa complexa rede de interdependência. Um gerente de lucros e perdas responsável por todo o Brasil em uma multinacional sediada nos Estados Unidos, por exemplo, estará encarregado de decidir o mix de produtos, seleção de pessoas e alocação de recursos para o país, mas terá de consultar os líderes que tomam decisões sobre linhas de produtos para toda a empresa na matriz. Um ou dois indivíduos errados com poder podem prejudicar seriamente toda a rede de nós de decisão. O direcionamento torna-se impossível, e a empresa perde agilidade.

Os nós de decisão acabam se desfazendo ou se tornando obsoletos em algum momento. Portanto, esteja preparado para lidar com essa questão. Com as ações e reações das pessoas, você descobrirá novas coisas, e a organização terá que se adaptar. Fique atento para quando intervir e desfazer os bloqueios ou redefinir os nós de decisão. Jenn Hedley, da Long & Short, criou suas SPGs só depois de identificar as decisões cruciais para o sucesso da organização e saber como essas decisões teriam de ser tomadas. Mais tarde, ela redefiniu a composição desse nó, quando a organização precisou tomar decisões de tecnologia que afetariam dez unidades diferentes.

Como presidente e CEO da Cleveland Clinic, o Dr. Toby Cosgrove redefiniu os nós de decisão, mas em seguida resolveu investigar por que eles não estavam funcionando tão bem quanto ele esperava. Isso o levou a mudar o critério de liderança. Cosgrove realizou a mudança logo após assumir o comando, em 2004. Ele queria mudar o foco central de departamento de medicina para áreas definidas pelo problema do paciente, como área cardiovascular ou neurológica. Sua ideia era de que todos os profissionais de saúde cujo trabalho estivesse relacionado com aquele problema se tornassem parte de uma unidade organizacional comum. Por exemplo, psiquiatras, neurologistas e neurocirurgiões trabalhariam todos juntos na mesma unidade. "Percebemos que a medicina deixou de ser uma atividade individual, aquela imagem de um médico com sua maleta preta fazendo visitas à casa do paciente, e se tornou uma atividade coletiva, com muita gente envolvida", explicou Cosgrove. "Lembro-me de ter aprendido na residência que cuidávamos de algo específico, e não precisávamos de nenhuma ajuda. Hoje, com a quantidade de informações na área de saúde duplicando a cada dois anos, ninguém é capaz de lidar com tudo sozinho. Por isso, o trabalho tem de ser em equipe."

Cosgrove, em essência, estava criando novos nós de decisão, nos quais as informações seriam compartilhadas e as decisões, tomadas em conjunto, visando o que era melhor para o paciente. Até chegar o momento de decidir quem lideraria esses nós. "Cometi alguns erros", disse Cosgrove. "Quando anunciei o que faríamos, ninguém disse que era uma ideia terrível, mas todo mundo ficou muito apreensivo. Eles não sabiam a quem iriam se reportar, onde seria sua sala etc., e achei que eram importantes essas novas unidades, que chamamos de institutos, terem estrelas nacionais nos cargos de liderança."

"Comecei com o Instituto Neurológico. Encontrei uma pessoa da West Coast que tinha um excelente currículo, uma série de artigos publicados e diversos prêmios. Mas não deu certo. Cheguei à conclusão de que precisávamos de um tipo diferente de líder nesse trabalho, pessoas que fossem grandes colaboradoras e entendessem nossa cultura, mesmo que não tivessem o melhor currículo do mundo. Foi uma grande mudança para nós em termos de seleção de líderes."

***

NÃO TEMOS COMO DIRECIONAR uma organização da maneira certa sem fazer as mudanças necessárias na tomada de decisões. O mesmo vale para mudanças no âmbito financeiro, assunto do próximo capítulo.

Capítulo 15

Dirigindo em duas pistas

Você pode ter um plano criativo e elaborado para partir para o ataque, mas ainda terá que sustentar seu negócio por algum tempo. Você não pode deixar que ele se desintegre só porque está querendo criar um negócio novo. Seu negócio atual é a única ferramenta que você tem para gerar o dinheiro de que precisará no futuro. No entanto, ao mesmo tempo, você precisa mudar a tomada de decisões, admitir pessoas com nova expertise e mudar as prioridades visando a nova iniciativa. Esse caminho duplo cria muito estresse, sobretudo, nos indivíduos de níveis mais altos na organização, que são afetados diretamente. Quando as pessoas sentem que estão perdendo poder, elas tendem a procrastinar, esconder recursos, distorcer as mudanças que você está tentando implementar – geralmente esperando que o novo seja passageiro. A reação das pessoas pode abalar sua própria confiança, testando sua liderança. Você terá que dominar a arte de administrar a transição na velocidade certa.

Definindo realizações de curto prazo

Uma vez definido e esclarecido o destino da organização, determine os passos específicos a serem dados em curto prazo para chegar lá. A ideia é definir uma meta e trabalhar retroativamente, identificando as medidas que o ajudarão a alcançá-la. Essas medidas tornam-se as realizações de curto prazo do novo caminho, que você precisa atingir em um, dois ou três trimestres. São as extremidades iniciais de suas metas de longo prazo.

Por exemplo, quando a Tata Consultancy Services começou a desenvolver um novo negócio para ajudar os clientes a migrarem para a tecnologia digital no início de 2014, a empresa teve de formar a base certa de profissionais. Criar o novo negócio era a meta de longo prazo. Recrutar profissionais com expertise em engenharia de softwares, vendas e negociações de contrato eram passos intermediários. Seeta Hariharan, gerente geral e líder da nova unidade, contratou 235 pessoas em sete meses, incluindo veteranos da Microsoft, Red Hat e Informatica[17]. Se ela não tivesse avançado nessa área, o novo negócio não teria se consolidado. Ou seja, contratar profissionais foi uma importante realização de curto prazo numa jornada mais longa.

As realizações de curto prazo não precisam ser quantitativas. Um exemplo de realização qualitativa é explorar oportunidades em determinados mercados para decidir entre eles, ou aprender uma nova tecnologia para determinar a melhor maneira de adotá-la. Mas as realizações devem ser específicas. Você não pode definir uma meta para a organização e deixar rolar. Mesmo acreditando em autonomia/delegação de poderes e confiando nas pessoas, você precisa expressar suas ideias de maneira prática e viável.

Trabalhar para chegar às realizações planejadas não significa que você pode relaxar no negócio existente. Você precisa trabalhar em duas pistas. Já vi muita gente fazendo grandes mudanças empresariais sem perder a disciplina operacional, em grande parte por identificar a conexão entre os dois caminhos. Alguns dos melhores exemplos estão na Índia, onde líderes bem-sucedidos estão acostumados a um ambiente de grandes restrições e imprevisibilidade, e, no entanto, enxergam a oportunidade de crescimento em sua própria economia e economias vizinhas. Analjit Singh, da Max India, descreve as condições diárias de negócio da seguinte maneira:

> As margens de lucro em quase todos os negócios estão sob constante ameaça, o governo indiano regulamenta os preços em algumas indústrias, os custos de muitos insumos estão subindo, a inflação salarial é alta e as expectativas dos consumidores estão cada vez maiores por causa da digitalização. Ou seja, há pressão por todo lado. E tomar decisões estratégicas não é fácil, sobretudo se você tiver uma empresa de capital aberto, que está sempre sendo noticiada na TV e que todo mundo ronda, atrás de ganhos de curto prazo. Tentar atender às constantes demandas limita nossa capacidade de implementação

estratégica. As decisões ficam comprometidas pelo frenesi em busca de mais um centavo no lucro por ação, todo dia, semana ou trimestre. Como lidar com isso? Mantendo-se muito focado e melhorando continuamente o que você faz. Não há lugar para jogadores secundários.

Ivan Seidenberg, CEO da Verizon por 17 anos, era mestre nesse jogo de malabarismo. Ele conduziu a empresa por múltiplas transformações no mercado de telecomunicações, tarefa que exigia a satisfação das demandas do mercado em que a Verizon competia, enfrentando, ao mesmo tempo, a série de caprichos dos reguladores governamentais (federais e de mais uns 20 estados). Cada onda de fusões e aquisições mudava a dinâmica competitiva, gradualmente desequilibrando a balança para o lado de quem oferecia conectividade ininterrupta e volume de dados conforme a demanda dos consumidores. Desde o início como "Baby Bell", chamada Nynex (uma das sete empresas telefônicas regionais criadas pelo governo norte-americano ao desfazer o monopólio da Bell Telephone), a Verizon trabalhou diligentemente para manter a solidez e lucratividade de seu negócio na área de telefonia fixa, desenvolvendo, simultaneamente, uma rede *wireless* nacional.

Até que, na década de 2000, Seidenberg fez uma grande aposta. Os serviços de telefonia sem fio e telefonia convencional, sinais de TV e acesso à internet já existiam há anos, criando um caleidoscópio de empresas, tecnologias e base de clientes que mudava cada vez que uma aquisição ou parceria era anunciada. Para a decepção dos reguladores governamentais, que costumam considerar bonito o que é pequeno, ondas de consolidação inundaram a indústria, impulsionadas pela realidade econômica de duas forças: primeiro, o desejo dos consumidores de conectividade ininterrupta – em outras palavras, nada de cair a linha do celular, seja em chamadas locais ou interurbanas – e disponibilidade imediata de banda larga; e, segundo, o desejo dos fornecedores de maior rendimento.

A Verizon já estava construindo o padrão de redes móveis de alta velocidade. Seidenberg sabia que os consumidores iam querer sinais de vídeo e computador em casa, e os fios de cobre que ligavam o telefone fixo não suportavam a velocidade exigida. O que ele fez? Começou a substituir a rede de cobre da Verizon por fibras ópticas. O plano era caríssimo – US$ 23 bilhões em dez anos – e controverso, porque se baseava em uma previsão da evolução da tecnologia, do sistema regulatório e das preferências de consumo num momento em que tudo isso era incerto. Na época, o cabo não representava uma grande ameaça para o negócio da Verizon, mas Seidenberg, enxergando cinco anos à frente, viu que seria.

Seidenberg descreve o malabarismo deste modo:

> Tínhamos que ter excelência operacional para ampliar nossa franquia existente e tínhamos que modificar o modelo de negócios considerando nossa visão mais ampla do meio externo. A alta administração tem a função de fazer isso acontecer, fazendo as perguntas certas e alocando os recursos de modo que as duas coisas sejam realizadas. As maiores empresas encontram uma forma de ter essa mistura. Passamos talvez 50% do dia trabalhando para que o negócio existente funcionasse direito e talvez 25% avaliando se as coisas que fazíamos ainda teriam importância na semana seguinte, no ano seguinte ou em dois anos, porque a visão dos analistas, acionistas e diretores geralmente é de um a três anos. Os outros 25% são dedicados a tudo o que precisamos fazer para assegurar que seremos bem-sucedidos no quarto, quinto e sexto anos, sem parar aí.
>
> Não éramos bons no início, mas à medida que melhorávamos e ficávamos mais sistemáticos, nosso progresso e desempenho foi se estabilizando. Estávamos tendo excelentes resultados com nossas operações existentes, atingindo as metas de ampliação da franquia, e, quando as sementes plantadas dois anos antes começaram a gerar frutos, nós os incorporamos. Então, a cada ano, você colhe a recompensa de algo que plantou muitos anos antes.

MANTENDO O NOVO CAMINHO NO FOCO

Você precisa acompanhar as realizações de curto prazo de seu novo caminho assim como faz com os custos, resultados brutos etc., e ter a mesma agilidade para remediar a situação quando algo sai do normal. Provavelmente você terá de criar novos indicadores para essas realizações, monitorando-os num quadro à parte das metas financeiras e operacionais de curto prazo. Depois, você precisa assegurar que tem fontes fidedignas de informações e os profissionais certos, para poder avaliar o sucesso pelo menos uma vez por semestre. Se você não criar um processo de avaliação separado, terá que ser bastante determinado para proteger o tempo que dedica ao monitoramento de suas realizações.

As realizações mostrarão se seu novo caminho está dando certo e que correções de percurso podem ser necessárias. Por exemplo: uma antiga empresa que precisa desenvolver capacitação em software e algoritmos deve acompanhar o processo de perto: a empresa está contratando os especialistas necessários? Eles estão sendo integrados aos nós de decisão apropriados? Eles estão sendo ouvidos? Você precisa de bastante disciplina pessoal para verificar essas coisas e uma boa escuta para perceber sinais de impasse. Quando percebeu que as pessoas do departamento de vendas e marketing não estavam utilizando as informações de segmentação que os especialistas de tecnologia estavam gerando, e os especialistas de tecnologia não estavam incorporando expertise de marketing, Jenn Hedley, da Long & Short, resolveu intervir, avaliando a situação a cada duas semanas, para assegurar que as pessoas estavam dando ouvidos umas às outras.

Suas primeiras medidas práticas certamente desencadearão reações de outros protagonistas, produzindo variáveis em relação às mudanças do meio externo. Por meio de avaliações, você saberá se suas premissas estavam corretas e se seu caminho ainda é viável. Dentro da empresa, realize avaliações rigorosas para detectar impasses no sistema social causados por mudanças no poder de tomada de decisões e atribuição de tarefas. E você precisará estar atento para o impacto financeiro, sobretudo, em relação à provisão de caixa, ao extrair recursos de uma parte do negócio para investir no novo caminho. É importante procurar a causa dos desvios para descobrir o que está atrapalhando. É comum, por exemplo, que as pessoas sejam encarregadas de um projeto de crescimento – até de vários projetos – sem serem dispensadas de suas tarefas rotineiras. Assumir muitos projetos tem seu preço, porque as pessoas são exigidas além de sua capacidade. Mesmo uma empresa com um faturamento de um bilhão de dólares não tem como manter mais do que dez grandes projetos de inovação.

Sua disciplina de acompanhamento tanto da trajetória atual quanto das realizações de curto prazo de seu novo caminho é fundamental para o direcionamento. Essa disciplina pode ser aplicada ao seu orçamento e às avaliações operacionais atuais, a suas SPGs e conversas visando esse propósito, mas também inclui ações como resultado do que você aprendeu. Uma falha em qualquer uma das duas pistas diminui sua capacidade de condução. Não saia tirando conclusões, nem demore demais. A maior parte das causas são questões básicas internas com pessoas que simplesmente não querem embarcar na nova jornada.

METAS FINANCEIRAS FLEXÍVEIS

Os orçamentos podem ser a maior ferramenta de direcionamento para o novo caminho e de correções ao longo do percurso – desde que haja sintonia entre a acuidade perceptiva e os números. Como mencionei anteriormente, porém, o planejamento orçamentário é uma rigidez, representando, portanto, um grande empecilho para o direcionamento – não o orçamento em si, mas como as pessoas encaram o processo e o que elas acham que o gestor fará ou não. Na maioria das empresas, o orçamento é um compromisso atrelado às metas que constituem a base da avaliação de desempenho e remuneração. Os gestores não estão necessariamente interessados em como os resultados são alcançados ou como a realidade externa pode influenciá-los. Na verdade, o mundo externo deve fazer parte do processo orçamentário e de avaliação, e os números devem ser flexíveis para refletir mudanças circunstanciais. Quanto mais forte for o vínculo entre os números e as realidades interna e externa da empresa, mais você será capaz de direcioná-la. Mesmo a cobiça de Wall Street por resultados de curto prazo não é desculpa para ficar preso aos números por muito tempo. Desempenho sem capacidade de direcionamento pode reduzir a vida de uma empresa. Em todo caso, os investidores não querem saber como os recursos são alocados internamente. Eles focam os resultados para a companhia como um todo.

Uma técnica eficaz para realizar essas correções no meio do processo é o *rolling budget* de dois anos, no qual você mapeia os gastos, trimestre a trimestre, de oito trimestres seguintes. A cada trimestre, você revisa o orçamento, refazendo o planejamento para os próximos oito trimestres, realocando recursos de acordo com as informações obtidas. Uma empresa de telefonia sem fio, por exemplo, talvez tenha que ajustar seu orçamento publicitário se perceber um abalo no índice de rotatividade (a porcentagem de assinantes que saíram em comparação com os novos). A venda de carros nos Estados Unidos depende bastante dos movimentos da reserva federal. O orçamento terá que ser ajustado ao primeiro sinal de mudança. Por que esperar até o fim do ano?

Planejar para dois anos ajustando o orçamento a cada trimestre lhe dá flexibilidade, além de um plano de longo prazo. No final do primeiro trimestre, você está de olho no nono trimestre. Portanto, está sempre observando lá na frente e, ao mesmo tempo, antenado com a realidade atual e as projeções mais atualizadas do destino do negócio. Essa flexibilidade é reforçada quando os novos números refletem um feedback em relação aos consumidores e às mudanças que devem influenciar as vendas nos trimestres seguintes.

Mas você precisa manter a disciplina enquanto transforma a organização em uma entidade direcionável. Um líder que retira recursos ou aumenta as metas no meio do caminho sem explicação cria uma nova camada de incerteza para gerentes de nível médio, levantando suspeitas sobre sua motivação. Estava faltando alguma coisa? Ou o gestor está tentando se autopromover antes da próxima tacada? Mudanças de orçamento e indicadores de desempenho que obrigam as pessoas a sacrificarem a qualidade do trabalho são, em última instância, prejudiciais ao sistema social e à longevidade da empresa. "Neil", por exemplo, estava se sentindo muito confiante em seu novo cargo de gerente de vendas, até atender uma ligação de sua gestora em junho de 2003. No final do terceiro trimestre do ano fiscal, ele já estava a ponto de bater sua anual. Mas a conversa ao telefone teve mais um tom de ataque e ameaça do que de elogio. A gestora tinha resolvido, de uma hora para a outra, aumentar a meta de Neil em 50%, deixando claro que ele seria demitido se não a alcançasse. Neil e eu conversamos alguns dias depois, e ele ainda estava abalado. Sua tentativa de convencer a líder de que a meta era inalcançável foi em vão.

Neil teve essa surpresa repentina porque a gestora tinha seus problemas para resolver. Dois de seus subordinados diretos tinham se enrolado e talvez não atingissem sua meta. A única forma de compensar essa situação era passar o que estava faltando para a área de Neil, e ela não ia voltar atrás, pois sabia que os acionistas não aceitariam nada menos do que o cumprimento das metas. A líder havia construído sua carreira com base em exigências pesadas, obrigando as pessoas a entregarem resultados, pelo menos em curto prazo, para depois dar continuidade ao trabalho. Neil tinha uma escolha: partir para um movimento de vendas sob pressão, com grandes descontos, para atingir a meta até outubro, ou preparar-se para deixar a empresa.

A gestora de Neil estaria certa se tivesse visto um potencial de mercado que Neil deixou escapar. Mas, se tiver sido esse o caso, ela não ofereceu clareza, possibilidade de diálogo, *coaching* e explicação da realidade externa, o que tornaria a exigência mais palatável. Um *rolling budget* de dois anos e frequentes ajustes em relação à realidade externa reduzirão surpresas de fim de ano, mantendo o negócio no caminho certo.

O deslocamento de recursos devido à realidade externa é algo que acontece naturalmente em algumas empresas. No Google, por exemplo, o ultrassecreto Google X Lab tenta apresentar soluções para alguns dos maiores desafios do mundo, criando novos negócios no processo. Para se qualificar como digna do projeto, a solução tem de ter o potencial (utilizando as palavras da declaração de missão oficial dos fundadores) "de mudar o mundo". Como o Google é uma empresa endinheirada, pode financiar essas investigações de longo prazo e ainda registrar um faturamento respeitável, sem muita pressão de acionistas ativistas tentando lançar fora parte desse dinheiro. Embora as novas áreas de crescimento tenham um horizonte de planejamento de longo prazo, as avaliações são frequentes e duras. O objetivo, além de desenvolver projetos, é pôr um fim aos projetos menos promissores, liberando recursos para outras áreas. Como diz Rich DeVaul, líder do projeto de avaliação: "Por que adiar o fracasso até amanhã ou próxima semana se você pode fracassar agora?"[18]. No entanto, quando surgem obstáculos para uma inovação promissora, a correção do curso é imediata. Astro Teller, supervisor do trabalho diário no Google X, contou a Jon Gertner, da Fast Company, que, quando eles precisaram de mais dinheiro para financiar o projeto, o CEO Sergey Brin e o CFO Patrick Pichette não hesitaram em ajustar recursos para manter o plano: "Obrigado por me dizer logo que você soube", disse Pichette. "Vamos dar um jeito."[19]

Em uma reunião de uma empresa industrial de US$ 10 bilhões da qual participei em 2010, com vários membros do conselho diretor, "Kim Lee", diretor da unidade de equipamentos médicos, fez a habitual apresentação de 25 minutos. Entre outras coisas, ele identificou diversas oportunidades de expansão, a mais atrativa sendo no noroeste da China. No fim, o CEO voltou ao assunto da China. "Do que precisamos para desenvolver o negócio lá? Temos que encontrar os melhores distribuidores", explicou Kim. "Por que depender de distribuidores?", continuou o CEO. Seria mais rápido, mas haveria alguns inconvenientes. O CEO pediu alternativas. Uma delas era desenvolver a própria força de vendas. Após uma breve discussão dos prós e contras, o grupo chegou à conclusão de que essa era a melhor opção. "Mas não temos orçamento suficiente", disse Kim. "Bem", contestou o CEO, "devemos, então, fazer algo estrategicamente errado porque não temos orçamento?" Virou-se para o CFO e disse: "Vamos conseguir os US$ 5 milhões de que o Kim precisa". E conseguiram, deslocando orçamentos na mesma hora para entrar no novo mercado.

Infelizmente, esse não é o desfecho comum quando as pessoas fazem propostas que requerem ajustes de orçamento. Vi apenas poucas empresas realizando esse tipo de mudança. Mas deveria se tornar uma prática habitual, porque poupa bastante energia e reduz a perda de tempo. Os gerentes de nível médio precisam ser mais flexíveis e aceitar esses ajustes. Assim como o CFO, peça fundamental para modificar a psicologia em torno dos orçamentos e indicadores de desempenho. Ele é o gestor de todos os recursos financeiros. Se o CFO for inflexível, estiver preso a determinados padrões e recusar-se a considerar a influência do mundo externo, volte aos seus apontamentos sobre nós de decisão e pergunte-se por que ele está neste nó. Um CFO ofensivo encontrará os recursos necessários para o novo caminho, ou mudando a distribuição interna, ou descobrindo novas fontes externas, estando aberto, também, para um ajuste de remuneração.

Mudanças de prioridades, orçamentos e indicadores de desempenho precisam ser coordenadas. Com o tempo, as pessoas ficam condicionadas não só a esperarem mais mudanças nessas áreas, mas também a apresentarem seu próprio senso de realidade. Em 2013, "Mariana", líder de uma divisão de bens de consumo no Brasil, tinha um plano concreto para aumentar o negócio de US$ 1 bilhão para US$ 1,4 bilhão em três anos. Ela estava confiante de que conseguiria o apoio de seus superiores, mas, ao apresentar o plano, eles se mostraram um tanto quanto indiferentes. "O plano não é agressivo o suficiente", disse um dos líderes. "Este é um negócio muito lucrativo. Por que não chegar a US$ 1,4 bilhão mais cedo? Se você não sabe como, podemos conseguir consultores para ajudá-la."

Mariana havia passado a vida inteira no mundo dos negócios. Se houvesse uma forma de acelerar o crescimento, certamente ela teria visto. Mesmo assim, ela não tinha muita escolha a não ser ouvir o que os consultores tinham a dizer. Depois de algumas entrevistas, Mariana escolheu uma das melhores firmas do mundo para analisar o negócio. As pesquisas foram rigorosas, avaliando a posição da empresa em relação aos consumidores e os dados quantitativos. Sua visão foi confirmada. Os resultados revelaram que, embora algumas linhas de produto fossem muito lucrativas, outras não eram, e algumas mal davam lucro. A meta de US$ 1,4 bilhão era alcançável em três anos, mas a melhor maneira de fortalecer o negócio era fazer alguns cortes criteriosos e redirecionar os recursos para aumentar as linhas remanescentes. O crescimento da receita seria suprimido em curto prazo, mas Mariana atingiria a meta de US$ 1,4 bilhão com um atraso de alguns anos.

Mariana estava convencida de que estava no caminho correto, mas isso não significava que seus gestores aceitariam a proposta. Como ela os convenceria? Ao repassar o diálogo na cabeça tentando prever as possíveis perguntas e reações, ela percebeu, que se os líderes não aceitassem o atraso, ela provavelmente teria de deixar a empresa. Será que ela estava preparada para isso? Ela também sabia que não atingir a meta significava perder o bônus, que representava grande parte de sua remuneração.

O dilema deixou-a em pânico por algumas semanas, mas finalmente ela chegou a uma decisão. Faria o melhor para defender o plano, e se tivesse que perder o bônus, que assim fosse. Se seus gestores simplesmente não aceitassem o número mais baixo e a demitissem, eles é que sairiam perdendo. Com isso em mente, o assunto estava resolvido. Em questão de dias, ela apresentou o plano.

Mariana foi bem realista em relação aos números, mas seus gerentes não aceitavam. Ela havia aproveitado algumas indiretas sutis do CFO de sua divisão, em conversas com o CFO geral, mas agora a mensagem era clara: "Não retroceder". Mariana acabou sendo demitida. Seus gestores contrataram um substituto, e adivinha o que eles fizeram: diminuíram as metas.

Se você espera que os gerentes de nível médio e o pessoal da linha de frente sejam as pessoas que perceberão sinais de alerta, você deve solicitar suas sugestões de mudança em sessões de avaliação e orçamento, exigindo uma visão realista. Isso não significa dar desculpas ou facilitar as coisas. A manipulação dos números para autopromoção é motivo de demissão. Sabemos que a cultura da maioria das empresas baseia-se na ética e na segurança. Quem violar os princípios de ética está fora. A mensagem é reforçada por uma demonstração pública das violações. Empresas industriais repetem mensagens sobre segurança em todas as reuniões. Quem violar a segurança será punido. Você precisa criar um meio em que as pessoas estejam antenadas com a realidade externa e dispostas a sugerir mudanças quando os orçamentos e indicadores de desempenho estiverem causando rigidez.

RESILIÊNCIA FINANCEIRA PARA RESISTIR A CHOQUES E TRANSIÇÕES

Ao entrar no novo caminho, você terá que redirecionar dinheiro, pegar mais empréstimos, vender alguns ativos ou encontrar um parceiro que financie o investimento. O direcionamento aumenta quando você desenvolve a capacidade de resistir a choques se algo inesperado acontecer, ou reunir os recursos necessários para atacar no momento oportuno. Obviamente, você não desejará desfazer-se de seu negócio existente, considerando que ele é seu gerador de caixa. Manter a liquidez ao desenvolver um novo negócio que ainda não gera lucro requer uma gestão vigilante. A base da resiliência financeira consiste em duas fontes principais: força financeira e relacionamentos. A força financeira – estrutura de capital, capital de giro e geração/utilização de caixa – deve ser gerenciada com incerteza em mente. Isso significa tirar proveito de alavancagens financeiras, mas também ponderar a capacidade de endividamento da empresa para oportunidades e eventos inesperados. Você não desejará ser obrigado a vender seu bem mais valioso se um abalo inesperado ocorrer. Você pode ter alguns ativos menos produtivos para vender se precisar de capital, mas também não irá vendê-los por preços muito baixos. Na Índia, por exemplo, diversas empresas de infraestrutura pegaram muitos empréstimos para acompanhar o enorme crescimento econômico do país em 2000 e 2008. Quando as taxas de juros começaram a subir no início de 2010, com a paralisia do governo limitando a disponibilidade de carvão e gasolina, algumas dessas empresas tiveram problemas de liquidez e precisaram vender ativos por preços irrisórios.

Administrar capital de giro em época de incerteza requer disciplina, para que as contas a receber não sejam tão abrangentes que você não consiga manter o caixa ou perca liquidez. Os clientes também estão sujeitos a incertezas capazes de limitar sua capacidade de pagamento. Manter estoques é mais arriscado quando a incerteza é alta, porque a probabilidade de obsolescência aumenta. Dinheiro vivo certamente é uma vantagem quando o tempo começa a fechar, porque você pode usá-lo para fazer aquisições que tragam expertise técnica, base num novo mercado ou tecnologias, e realizar a transição. As grandes reservas de capital do Google permitiram que a empresa concretizasse ambiciosos projetos de crescimento a longo prazo e adquirisse companhias que lhe proporcionam uma posição segura em importantes áreas tecnológicas. As armas ocultas da Microsoft permitiram que ela desbancasse a Nokia, podendo livrar-se da dependência de softwares e da exclusão de dispositivos.

Caixa em excesso, evidentemente, pode atrair litigantes e certo tipo de acionista ativista. Você pode se proteger disso tendo clareza sobre o novo caminho para o negócio e seu uso de capital, esforçando-se para transmitir a realidade. Em 2013, a Apple começou a sofrer pressão do acionista ativista Carl Icahn, que achava que a empresa devia distribuir grande parte de sua considerável reserva entre os acionistas. Ele começou comprando ações em agosto, aumentando sua participação para US$ 3 bilhões até janeiro de 2014. A empresa já havia anunciado um plano de devolução de parte do dinheiro para os acionistas em forma de dividendos e reaquisição acionária, mas Icahn queria mais. Outros acionistas, porém, mantinham a fé na capacidade dos gestores de utilizar o capital de maneira sensata, incluindo a CalPERS, a controladoria de Nova York e a Shareowner Services, a firma que informa acionistas e patrocinadores de seus direitos. Icahn, pouco a pouco, diminuiu suas exigências. Tim Cook, CEO da Apple, reduziu a reaquisição acionária e os dividendos, podendo realizar alguns investimentos para o futuro. Na verdade, ele entrou numa espécie de onda de compras, adquirindo mais de 12 empresas entre 2013 e o primeiro semestre de 2014.

A "AllReady", distribuidora líder de equipamentos industriais de manutenção e conserto sediada no sudeste do país, tinha um negócio estável, com bons lucros e caixa. Até que a ameaça de digitalização despontou no horizonte. Assim como as empresas do setor varejista, que foram prejudicadas pelas Amazons e eBays da vida, os fornecedores *business-to-business* (B2B) também começaram a ficar vulneráveis frente aos concorrentes online. A AllReady tinha uma clientela fiel e grandes instalações de distribuição e depósito, que representavam uma antiga força competitiva. Agora, porém, esses ativos fixos poderiam colocá-la em desvantagem diante de um possível protagonista digital. A equipe de gestão precisava descobrir um novo caminho e, muito importante, gerenciar a transição sem perder a confiança dos investidores.

A equipe de líderes viu que precisava dar aos clientes mais opções de compra tornando-se uma plataforma *omni-channel*. Eles precisariam ser rápidos no desenvolvimento de uma presença digital, que não seria barata. Felizmente, a AllReady tinha a resiliência financeira para ousar. Seu balanço patrimonial era forte, especialmente sua dívida com o coeficiente de capital total, e a empresa gerava bastante caixa. O CEO resolveu contratar a expertise de que a companhia precisava, criou uma divisão separada e posicionou-se frente aos colaboradores que reclamavam da atenção e recursos que estavam sendo direcionados para a nova divisão – uma divisão que teria baixas margens de lucro e levaria muito tempo para amadurecer. Se não tivesse a força financeira para financiar o novo plano, a próspera empresa ficaria vulnerável à concorrência.

Resiliência financeira não é só uma questão de acumular dinheiro. Inclui recursos disponibilizados por conta da reputação construída e dos relacionamentos estabelecidos. Sunil Bharti Mittal estava entre a cruz e a espada em 2013. Sua empresa estava sendo pressionada por baixas margens de lucro e altas taxas de juros. O que o ajudou a sair dessa situação não foi uma reserva de dinheiro. A empresa não tinha caixa suficiente, e até estava devendo. Foi a reputação de Mittal, de operador disciplinado e desenvolvedor de empresas, que contribuiu para que a companhia passasse pelo momento difícil; preparando-a para a próxima etapa.

Mittal é fundador e presidente da Bharti Enterprises, empresa controladora da Bharti Airtel, gigante global de telecomunicação sediada em Nova Delhi. Com grande tino empresarial e disciplina operacional, Mittal havia transformado a empresa, que deixara de ser uma pequena *start-up* lutando por participação no novo mercado de telefones móveis em Nova Delhi, e passara a ser a maior companhia de celulares da Índia. A luta foi sempre dura. No início, Mittal recorreu à parcerias para crescer rapidamente. Depois, criou um novo modelo de negócios, em que os parceiros construíam as redes e administravam os sistemas de *back-office*. Essa estrutura liberou tempo e dinheiro para a Bharti desenvolver suas franquias *wireless* ainda mais rápido. Em 2010, numa iniciativa de expansão global, a empresa entrou em 23 países africanos de uma só vez, comprando os ativos de telefonia móvel do Zain Group. Os investidores ficaram impressionados com a proeza de Mittal. Na época em que ele anunciou a intenção de adquirir o Zain, os telefones tocavam sem parar, com os banqueiros oferecendo empréstimos de dinheiro.

Até que, por volta de 2013, a equipe descobriu que a infraestrutura em muitos países africanos era menos desenvolvida do que eles achavam, e que muito dinheiro seria necessário para renovar a aquisição, enquanto os concorrentes travavam violentas batalhas de preço nos mercados locais. A fórmula de atrair clientes pelo preço de compra e depois vender serviços com margens de lucro mais altas não tinha funcionado direito na África, de modo que o crescimento da receita tinha sido menor do que o esperado. Ao mesmo tempo, as barreiras para entrar na Índia caíram devido a mudanças regulatórias, e as guerras de preço deflagraram na frente nacional também. As taxas de juros e a inflação subiam no país, a rúpia desvalorizou e a empresa lutava para pagar o serviço da dívida. Quase não havia caixa.

Determinado a tomar o controle da situação, Mittal identificou alguns ativos que poderiam ser vendidos. Ele foi falar com alguns banqueiros de investimentos que respeitavam seu tino para os negócios e confiabilidade, e eles ajudaram a empresa a obter o financiamento necessário para superar aquele momento difícil e passar para a próxima etapa. Desde então, os ventos competitivos mudaram, os preços voltaram a subir e o cenário financeiro está melhorando. A boa reputação e os relacionamentos de Mittal acabaram sendo tão valiosos quanto dinheiro para lidar com as incertezas que acossavam a companhia.

FAÇA QUE OS OUTROS FIQUEM DO SEU LADO

Durante sua transição, fique atento para saber como os diversos envolvidos no processo estão reagindo. Como você está desviando de um caminho existente para um terreno desconhecido, as pessoas podem ter diferentes julgamentos e níveis de confiança. Quem não está do seu lado pode considerar a transição como uma boa oportunidade para tirá-lo do mercado.

Os CEOs precisam ter um cuidado especial com investidores e conselhos diretores. A pressão para entregar resultados de curto prazo surge, em grande parte, de um segmento eloquente da comunidade de investimento que negocia as ações. Comparações são feitas em relação às previsões anunciadas previamente pelas equipes de gestão ou ao consenso entre analistas financeiros/desempenho de um grupo de iguais. Em muitos casos, um erro de apenas um centavo em previsões de lucros por ação numa base de US$ 2,50 é considerado catastrófico, fazendo o preço das ações oscilar. A pressão acaba atingindo todos os níveis da organização, desde os mais altos até os mais baixos.

A maior parte dos investidores, contudo, não são operadores de curto prazo. Cerca de 70% das ações de empresas de capital aberto estão nas mãos de investidores institucionais, que costumam mantê-las em sua carteira por mais de um ano. Quando eles estão insatisfeitos, movimentam-se em bloco. Se você ganhar credibilidade com eles, talvez eles comprem mais. Como os líderes do Google, Apple e Amazon demonstraram, você pode manter os investidores do seu lado se explicar o caminho em que está e apresentar resultados no decorrer do processo. Atingir as metas de curto prazo na jornada de longo prazo que você definiu aumentará sua credibilidade.

Convocar o conselho diretor é essencial, mas também delicado. De um modo geral, um diretor pode vetar o plano do CEO. Você precisa saber onde está o poder interno e manter o fluxo de informações para que essas diferenças de opinião não sejam uma surpresa. Compartilhar informações para ajudar o conselho a ver o que você vê o ajudará a ter o conselho como parceiro. A "Tru Posture", fabricante de cadeiras de escritório sofisticadas e outros móveis vendidos para empresas de arquitetura e fornecedores de equipamentos de escritório, é uma das muitas companhias na junção crítica entre o antigo e o novo – e com um conselho diretor que transita entre os dois mundos. Com cerca de 10% de participação de mercado e uma receita anual de US$ 2 bilhões, a empresa é lucrativa, e, apesar do lento declínio na demanda geral, seu negócio tradicional tem um considerável espaço para crescer ganhando participação de mercado. Seus clientes e usuários são unânimes em afirmar que ela fabrica produtos da mais alta qualidade.

O que está mudando é que a geração do milênio está entrando no ambiente de trabalho. Eles trabalham muitas horas, são conscientes em relação à saúde e esperam que mesmo um produto mundano como uma cadeira de escritório faça uso de ferramentas digitais para tornar-se um produto ainda melhor. A empresa viu a oportunidade de partir para o ataque, dando início a um programa-piloto de desenvolvimento de uma cadeira ergonômica com sensores no encosto, no assento e nos braços que enviam informações sobre o usuário – medição do pulso, batimentos cardíacos, nível de estresse e postura – para o seu smartphone. O cliente, então, pode fazer ajustes na cadeira para aumentar o conforto e alinhar a coluna – aumentando a produtividade.

A TP levou um ano para fabricar e construir o protótipo, fazendo um investimento significativo de capital. Agora a empresa precisa se comprometer a expandir, o que significa contratar caros especialistas em tecnologia e construir a infraestrutura digital necessária. Isso exigirá um grande investimento de caixa, o que diminuirá os lucros por ação em curto prazo, prejudicando os investidores. Como os fornecedores atuais não têm capacidade de oferecer grande parte do que será necessário, a TP precisa encontrar novos fornecedores, abalando esses relacionamentos de longo prazo. Tudo isso precisa acontecer sem informações precisas de como o mercado reagirá e se uma empresa digital modificará radicalmente a indústria. Talvez o problema mais difícil sejam as pessoas: substituir as pessoas que ajudaram a manter o sucesso da empresa ao longo dos anos, mas cujas habilidades já não são relevantes. Uma vez dentro do novo caminho, todo mundo saberá que o negócio atual será reduzido. Os melhores profissionais talvez sejam dispensados.

Todas essas questões pesam não só sobre a equipe sênior, mas também sobre o conselho diretor, que é dividido. Um antigo membro do conselho muito influente acredita que a empresa deve expandir o negócio atual, pois já possui conhecimento necessário e sabe muito pouco a respeito do novo negócio. "Conhecemos nosso negócio", diz ele, "e há espaço para crescimento. Não sabemos nada a respeito de digitalização para entrar nesse mercado." Mas outro membro do conselho, um alto executivo de uma empresa digital, já viu empresas como a sua remodelarem indústrias inteiras. Por que a tecnologia digital não abalaria sua empresa também e por que a TP deveria ser uma retardatária? O conselho diretor continua dividido até hoje, e o CEO anda preocupado com o tempo precioso que está sendo perdido.

Como vimos no capítulo anterior, o CEO da Verizon, Ivan Seidenberg, propôs em 2004 um plano caríssimo de desenvolvimento de uma rede de fibra óptica para transmissão de internet, cabo e sinais de voz por todos os Estados Unidos.

Ele e sua equipe estavam convencidos de que o gasto era essencial para o futuro da Verizon, mas eles precisavam convencer pelo menos uma parte envolvida: o conselho diretor. Seidenberg não via as apresentações de sua equipe como uma abordagem de vendas. Ele tinha um relacionamento profissional de proximidade com seus diretores e compartilhava informações regularmente sobre mudanças no meio externo. Em cada reunião, ele os informava sobre mudanças regulatórias, as ações dos concorrentes e os novos desenvolvimentos da tecnologia. Seidenberg trouxe especialistas de fora para falar sobre tecnologia, seu futuro potencial, e fabricantes para falar das próximas tendências.

O conselho aprofundou-se nas questões e testou o plano de gestão, confirmando a visão de Seidenberg e dando-lhe respaldo, mesmo perante a crítica dos analistas, que achavam que o plano era ousado demais. Seidenberg manteve o diálogo, e os investidores acabaram vendo a sabedoria desse julgamento. Só agora a AT&T está seguindo o exemplo.

A base para fazer com que os outros fiquem do nosso lado é a comunicação: de fatos, de pontos de vista sobre o que ainda não está claro e das possíveis consequências de segunda e terceira ordem. Se você fez tudo isso e não convenceu ninguém, vale a pena rever seu plano. Isso não significa que você precise voltar atrás. Em última instância, a liderança não é um referendo. Você lidera com base em suas convicções. Como diz Seidenberg: "Chega uma hora em que você precisa dizer: 'É nisso que eu acredito'. Se o investimento em fibra óptica não tivesse dado certo, o conselho provavelmente teria mudado de gestão. Eu estava em paz com isso".

No próximo capítulo, veremos como um líder e sua equipe reagiram quando seu negócio foi bombardeado por uma série de surpresas devastadoras.

Capítulo 16

O RÁPIDO CONTRA-ATAQUE ORGANIZACIONAL DA MERCK

Você enfrentará ceticismo, e até resistência mesmo, ao conduzir seu negócio pela incerteza. Você precisa ter resiliência, uma convicção interna de que você é capaz de superar qualquer obstáculo que surgir, e força para executar suas metas de curto e de longo prazo. Você também precisa estar atento à necessidade de clareza das pessoas em relação a um sentido comum de propósito e às questões práticas que desencadeiam medos, como planos de carreira e remuneração. Responder a uma mudança repentina, redefinir o caminho rapidamente e direcionar a organização com mão firme pode parecer uma missão impossível, mas esse é o desafio para o qual você deve se preparar para enfrentar, como Jay Galeota fez na posição de presidente do Hospital & Specialty Care da Merck, no final de 2012.

Ao rever as projeções para o ano e para um período de cinco anos, a equipe de Galeota ficou preocupada com o que viu: uma diminuição na taxa de crescimento anual composta e uma significativa redução do lucro operacional. O processo de acompanhar o desempenho de outras empresas farmacêuticas e avaliar seu *pipeline* é rotina na Merck. Medir o *timing* e o consumo dos medicamentos concorrentes faz parte desse processo. Mas, no decorrer do ano, os aspectos conhecidos mudaram de repente, e surgiram muitas incertezas novas, afetando o negócio. Galeota e sua equipe de liderança foram colocados à prova:

Será que eles seriam capazes de mudar rapidamente de uma postura defensiva para uma postura ofensiva, redefinindo o caminho e direcionando a organização nesse sentido?

Galeota tinha se tornado presidente do Hospital & Specialty Care quando a Merck foi criada, em 2011, para melhor atender aos clientes de suas empresas especiais. O grupo incluía *franchises* globais para unidades de cuidados intensivos, HIV, HCV, neurologia e imunologia, oncologia e oftalmologia, que, somadas, geravam cerca de US$ 10 bilhões, representando mais de 20% do faturamento da Merck. O grupo tinha suas próprias unidades de pesquisa e fabricação, que trabalhavam em coordenação com as unidades de pesquisa e fabricação do nível corporativo.

Naquele primeiro ano, Galeota tomou medidas típicas de contenção de despesas e começou a analisar separadamente os valores de cada uma das empresas do grupo para compreender melhor sua contribuição individual para sua organização e para a Merck como um todo. No momento de fazer o planejamento para 2013, havia bons motivos para esperar que o crescimento da receita do Hospital & Specialty Care fosse continuar em curto prazo. Com um *branding* forte, um controle mais rígido dos gastos e investimentos direcionados, a equipe conseguiu resistir a alguns solavancos do mercado. O grupo trabalhou com afinco no desenvolvimento de uma série de objetivos em áreas de tratamento importantes, como a de HCV e HIV. Eles sabiam que os concorrentes estavam trabalhando em tratamentos alternativos e também sabiam como funcionava o ambiente regulatório. O cenário de planejamento básico era de que nenhum desses tratamentos alternativos obteria aprovação da FDA pelo menos no próximo ano ou nos próximos dois anos. Essa visão do contexto competitivo, somada às tendências de desempenho do mercado, serviu de base para o forte desempenho empresarial que Galeota e sua equipe propunham no plano de cinco anos. O único ceticismo existente era o de pessoas que achavam as metas de crescimento e lucratividade muito modestas. Por exemplo, um dos medicamentos da Merck para o tratamento de câncer de cérebro perderia a patente em breve, mas alguns achavam que os médicos ficariam relutantes em aceitar um genérico substituto para uma condição tão séria. Enquanto isso, novos medicamentos do Hospital & Specialty Care estavam para ser lançados, prometendo compensar qualquer declínio de curto prazo no desempenho dos produtos existentes, e muitos acreditavam que os medicamentos chegariam ao mercado como planejado.

Quando a equipe se reuniu em 2013 para avaliar suas operações e a dinâmica do mercado, diversos desenvolvimentos novos começavam a surgir. O primeiro era na área de hepatite C. O novo tratamento oral da concorrente Gilead, que não havia nem passado pelos obstáculos regulatórios, abalou a liderança de mercado da Merck. O mercado sofreu uma rápida e dramática mudança para pacientes em espera. Acontece um fenômeno em que os médicos adiam o plano de tratamento de um paciente quando preveem a chegada de um tratamento melhor. Muitos pacientes com hepatite C não exibem sintomas por anos. Para esses pacientes sem sintomas, os médicos se sentiam à vontade para ignorar os tratamentos existentes, mesmo os tratamentos muito bons, dando preferência a algo que prometesse mais benefícios, como facilidade de ingestão ou menor tempo de tratamento.

A Merck estava para lançar um novo medicamento injetável contra a hepatite C (Victrelis), que deveria contribuir consideravelmente para o crescimento do negócio do Hospital & Specialty Care. No entanto, com a inesperada promessa anterior do tratamento oral da Gilead, o mercado diminuiu em relação ao que havia sido projetado, gerando sérias consequências imediatas para a Merck e outros concorrentes do mercado de tratamento contra o HCV. O mercado multibilionário para os tratamentos recém-lançados quase desapareceu.

Como se não bastasse, a Merck também enfrentou concorrência acirrada no tratamento do HIV, devido à nova orientação regulatória da FDA em prol de "terapias aceleradas ou inovadoras". A FDA já tinha há muito tempo um processo acelerado de aprovação de tratamentos para necessidades médicas que não estavam sendo atendidas. No final de 2013, o Congresso aprovou uma lei que introduzia um processo ainda mais rápido para tratamentos designados como "terapia revolucionária". A designação é para drogas que prometem representar um avanço significativo no tratamento de doenças graves e/ou fatais. A FDA trabalha criativamente com a empresa patrocinadora, dedicando recursos para a condução dessas terapias pelo processo de avaliação. Como resultado, dois novos tratamentos contra o HIV, um da Gilead e um da ViiV (uma companhia independente que combina expertise da GlaxoSmithKline, Pfizer e Shionogi), receberam essa designação e chegaram ao mercado muito rápido. Embora os líderes da Merck soubessem da proximidade da concorrência e tivessem planos para lidar com a nova dinâmica, eles estavam focados em um período de tempo diferente. Esse acelerado ambiente competitivo no mercado contra o HVI, somado à grande mudança do mercado contra o HCV, exerceu uma enorme pressão de cerca de US$ 3 bilhões na receita do grupo e ainda mais pressão em seus lucros operacionais.

Surgiram também outras incertezas. Uma mudança considerável foi uma modificação regulatória na Europa que trouxe competição de genéricos ao negócio de imunologia da Merck mais cedo do que o esperado. Produtos biossimilares, que nunca haviam sido aprovados na Europa, estavam de volta à cena. Os reguladores, geralmente, não permitiam que os dados fossem inferidos de uma molécula para outra – ou seja, até uma variação mínima em qualquer parte do desenvolvimento de uma nova droga exigiria testes isolados. Mas os reguladores europeus, inesperadamente, assumiram uma nova postura, possibilitando que os desenvolvedores inferissem dados de um uso da droga para outro, num processo chamado bioequivalência. Essa mudança aparentemente pequena de um ponto de vista regulatório abriu espaço para o uso generalizado dos produtos dos concorrentes e representou um grande avanço para os biossimilares, criando uma séria ameaça para uma área de enorme crescimento no negócio do Hospital & Specialty Care da Merck.

Outra incerteza inesperada foi o comportamento médico na área de oncologia. A patente do Temodar da Merck, um medicamento para o tratamento de câncer no cérebro, expirou, e uma versão genérica foi lançada. O grupo havia se preparado para isso, mas não sabia o quão rápido os médicos adotariam um substituto genérico para uma condição tão grave. No caso em questão, a mudança aconteceu antes do esperado, e esse mercado também sofreu um abalo acelerado.

Galeota resumiu o impacto desses quatro desenvolvimentos e a necessidade de reavaliar o negócio da seguinte maneira: "Ficou evidente para nós que o crescimento que tínhamos em nosso plano de negócios seria bem menor do que precisávamos que fosse ao longo dos cinco anos. Precisávamos descobrir como preencher essa lacuna o mais rápido possível."

A GRANDE REVELAÇÃO

O que fazer quando sua projeção de crescimento está muito aquém do planejado? Uma opção é assumir uma postura defensiva, cortar custos e preparar-se para um resultado negativo. Outra opção é expandir a visão e buscar, decidido, novas oportunidades de crescimento. Quando a nova realidade se evidenciou, Galeota partiu para o ataque. Reuniu uma equipe de seis líderes inovadores de grande potencial de diversas áreas da empresa, para que eles avaliassem o negócio – e o mundo externo – com o objetivo de descobrir onde havia oportunidades e, tão importante quanto, onde não havia. Galeota selecionou um patrocinador sênior de sua equipe de liderança e encarregou um membro da equipe, muito competente, de liderar todo o processo, do início ao fim. Cada um dos membros da equipe trabalharia com o líder da *franchise*, o líder do projeto, seus subordinados diretos, os mercados e as funções de suporte necessárias para avaliar o estado do negócio como um todo e propor um caminho de crescimento.

Todos os diferentes mercados em que o Hospital & Specialty Care competia eram vistos como igualmente importantes. No momento do planejamento orçamentário, a prática convencional era a seguinte: os líderes mais convincentes em relação ao uso dos recursos para sua linha de negócio recebiam a maior parte. Galeota sabia que estava na hora de rever esse método. "Todas as *franchises* buscavam ativamente o crescimento e lutavam por recursos para isso. Os incentivos funcionavam dessa forma. Mas comecei a perceber que precisávamos compreender melhor nossa relação de lucros e perdas. Que empresas deram o maior retorno, tinham as maiores expectativas de crescimento e puderam, portanto, melhorar o desempenho operacional? Quais foram menos lucrativas e mais estagnadas? Será que existe uma forma diferente de participar dessas ou uma solução? A ideia era que, esclarecendo as opções, o desempenho melhoraria."

Pensar de maneira mais precisa sobre que empresas poderiam criar valor e que empresas atrapalhariam o desempenho tornou-se uma prática em grupo para os principais líderes de Galeota selecionados para apoiar o projeto. Trabalhando lado a lado com os subordinados diretos de Galeota, a equipe dividiu as empresas em três grupos, com títulos que explicavam o que eles fariam com as empresas: *Investir para vencer, Participar de maneira diferente* e *Monetizar*. A classificação correta dependia de uma visão exata de como o contexto de mercado influenciava a perspectiva de crescimento de cada uma das empresas, além da força interna/ estabilidade da empresa e dos possíveis clientes no *pipeline*. Para compreender melhor esse contexto, a equipe trabalhou em coordenação com os principais mercados e regiões, de modo a incorporar seus pontos de vista e informações. Além disso, a equipe utilizou dados de mercados internos e fontes secundárias de informação para especular como seria o futuro de cada uma das empresas.

Um dos pontos centrais de observação estava relacionado com os desafios que os hospitais enfrentavam no mundo inteiro. Em todos os mercados do mundo, fosse na China, nos Estados Unidos ou no Japão, os hospitais eram centros de cuidado em rápida evolução, e todos estavam tentando reduzir custos, reconhecendo, ao mesmo tempo, a necessidade de desenvolver-se para controlar melhor os resultados e prevenir readmissões dispendiosas. Ao concentrar-se nessa parte da cadeia de cuidados de saúde, a equipe deparou-se com uma questão: o mercado de cuidados intensivos representava uma oportunidade de crescimento subestimada. A empresa já atendia hospitais com tratamentos para diversas doenças, mas esse insight apontava para algo diferente. Em vez de definir sua atividade pela doença a ser tratada, como a divisão sempre havia feito, a empresa poderia focar em hospitais como um segmento de mercado e investigar suas necessidades de maneira mais abrangente. A Merck, então, buscaria formas de melhorar o serviço para esses clientes.

Nesse momento, a equipe começou a responder à série de questões que havia levantado no início. Os hospitais representavam uma grande área de necessidade médica não atendida? Sim. O segmento de mercado era sustentável? Sim. A Merck tinha uma base forte para competir nesse novo segmento? Tinha. Havia inovação manejável no meio? Havia. A ideia de focar as necessidades gerais dos hospitais passou por todos os testes. O segmento era atrativo e digno de um investimento desproporcional, e a Merck poderia tranquilamente competir nesse mercado.

"A partir de então, fomos bastante precisos na definição das necessidades não atendidas que mais incorriam em custos diretos e indiretos para os hospitais. Queríamos ver como nos encaixar", explicou Galeota. "Por exemplo, percebemos um grande dispêndio de capital com pacientes que haviam contraído infecções bacterianas nos hospitais – um custo médio de US$ 108 mil por paciente. Tínhamos novos programas de antibióticos em nosso *pipeline*, além de fórmulas de produtos existentes em nosso plano. A oportunidade era boa. Identificamos várias outras áreas de necessidade não atendida e alto custo para os hospitais, e, embora não tivéssemos tratamentos imediatos disponíveis, tínhamos a infraestrutura global para entregar os produtos ao cliente se pudéssemos encontrá-lo fora da empresa. Em outras palavras, podíamos encaminhar nossa linha de produtos em direção à áreas de necessidades não atendidas e altos custos de modo a preencher essas lacunas e melhor atender aos clientes. Foi um momento de revelação."

E a concorrência? Não havia nenhum líder evidente. A maioria das grandes empresas farmacêuticas não estava investindo no mercado, agora visado pela Merck. Era compreensível, porque o ambiente regulatório e o cenário de pagamento estavam começando a se unir para solucionar a questão das necessidades não atendidas e da falta de incentivo para o desenvolvimento nessa área. Pesquisas formais corroboravam a nova ideia. Os hospitais garantiam que, se a Merck fosse adiante e trouxesse produtos inovadores para áreas de necessidades não atendidas, eles ficariam muito interessados, sobretudo quando não havia nenhum grande avanço no horizonte. Até os reguladores do governo e os pagadores estavam alinhados, porque eles também tinham interesse em desenvolver tratamentos para áreas críticas, como de infecções fúngicas e doenças infecciosas.

NADANDO A FAVOR DA CORRENTE

Todas as tendências externas e macro confirmavam à equipe que sua hipótese sobre o segmento de hospitais como oportunidade de crescimento estava correta – eles estavam nadando a favor da corrente, como disse Galeota. Mas eles haviam investido pouco nesse mercado, o que representava um desafio estratégico e organizacional. A questão era o que eles podiam fazer diferente para desenvolver o segmento e como fazê-lo.

A equipe decidiu com base em quatro "pilares de crescimento". O primeiro era otimizar os produtos existentes por meio de promoções e definição mais precisa do público-alvo, além de promover as pesquisas em torno desses produtos, com incentivos em forma de subsídios. O segundo era acelerar os medicamentos que já estavam no *pipeline*, em casos em que o paciente não tinha outra alternativa. Uma forma de conseguir isso era ser proativo com a FDA, mostrando, por exemplo, que o tratamento contra infecções não era muito diferente do tratamento contra o câncer: o paciente vai ao hospital, contrai uma infecção e fica um bom tempo isolado na UTI, geralmente com resultado negativo, tudo a um alto custo para o sistema de saúde e muita angústia para o paciente, a família e os provedores de cuidados. A FDA tinha uma visão similar e acelerou o desenvolvimento de um antibiótico que estava no *pipeline* da Merck, para que ele chegasse logo ao mercado e a um custo mais baixo, desde que tivesse o desempenho esperado.

O terceiro pilar era procurar ativamente outras empresas com produtos que pudessem ajudar as áreas de necessidades não atendidas e altos custos dos hospitais para as quais a Merck não tinha nada em desenvolvimento. E o quarto pilar era dar aos clientes dos hospitais suporte além da intervenção terapêutica. Dados comprovavam que o tempo entre a identificação de uma infecção (incluindo o vírus específico responsável por aquele quadro) e a administração da primeira dose do medicamento segundo o tratamento apropriado tinha um grande efeito no resultado. Pacientes que eram tratados mais rápido tinham muito menos probabilidade de apresentar um quadro crítico. Com base nisso, a Merck criou um programa chamado "Intendência Antimicrobiana", mostrando que os protocolos e padrões de comunicação ajudavam os hospitais a reduzir o tempo entre o diagnóstico inicial e a administração da primeira dose do medicamento correto.

O progresso era estimulante, mas havia um probleminha: recursos limitados. "Tínhamos uma quantidade fixa de recursos, como todo mundo do setor", explicou Galeota, "de modo que tivemos que liberar fundos para aproveitar essa oportunidade de atender a hospitais." Ele e sua equipe analisaram atentamente cada uma das outras áreas – oncologia, HIV, imunologia, hepatite, neurologia e oftalmologia –, classificando-as segundo os mesmos parâmetros que mostravam que os hospitais eram um sucesso em potencial. Isso incluía taxa de crescimento anual composta, margens de contribuição e avaliações de *pipeline*. Algumas eram fortes e algumas estavam claramente na categoria "monetizar". Imunologia, HIV e HCV estavam no meio e tiveram uma avaliação mais rigorosa, tornando-se candidatas a investimentos focados. Para as empresas que não cumpriam as exigências, a equipe avaliou se elas poderiam sobreviver lucrativamente fora da Merck. Tudo levava a crer que essas empresas valeriam mais para a Merck externamente do que internamente, em comparação com outras oportunidades internas.

Na época, oncologia era um ponto de interrogação. Os primeiros dados sobre um novo tipo de droga contra o câncer chamada inibidor anti-PD1, que ativa o próprio sistema imunológico do corpo para atacar o tumor, pareciam bastante promissores. A Merck poderia liderar um grande avanço. Mas, como as descobertas ainda não eram conclusivas, era cedo demais para cantar vitória. A equipe, então, adotou um critério de decisão: se a ciência comprovasse a eficácia da droga, eles criariam uma unidade de negócios separada. Caso contrário, sairiam daquele mercado. Nos meses subsequentes, os inibidores anti-PD1 mostraram que tinham um alto potencial para a Merck, e a empresa seguiu a recomendação da equipe de criar uma unidade oncológica própria. Essa nova classe de droga podia se tornar um dos maiores avanços no tratamento contra o câncer em 30 anos.

COMPARTILHANDO O ESFORÇO E OS RESULTADOS

No final do primeiro trimestre de 2013, já tendo realizado as análises econômicas baseadas no cliente, estava na hora de partir para a execução. Em muitas empresas, esse é o momento em que o atraso intencional e a resistência dos líderes seniores costumam subverter os melhores planos. A Merck não passou por isso. Focar nas pessoas, incluindo os envolvidos certos no desenvolvimento estratégico, e ser claro quanto às metas intermediárias, acabou sendo uma fórmula de sucesso. Depois que a alta administração aprovou o plano de reestruturação do negócio, Galeota encarregou dois membros da equipe de implementar o projeto.

O maior impacto da nova direção do Hospital & Specialty Care foi nas pessoas – alguns dos líderes que haviam ajudado a definir o novo caminho, mais uns dez gerentes de toda a divisão, podiam ser pessoalmente afetados. Alguns negócios diminuiriam de tamanho. Outros seriam prolongados. No entanto, se a equipe não se reunisse para negociar a curva na estrada, a organização inteira poderia perder o rumo. Acabar com as unidades de oftalmologia, mal de Parkinson e esquizofrenia, por exemplo, fazia parte do plano que permitiria que as outras empresas crescessem por meio de realocação de recursos.

Dois anos antes, a equipe tinha criado uma série de "princípios operacionais" para administrar as empresas dentro do Hospital & Specialty Care. O ponto central desses princípios era fazer que a equipe de liderança olhasse para o negócio como um empreendimento, não somente como um conjunto de empresas individuais. Um princípio fundamental era o da premissa positiva – isto é, a premissa de que os membros da equipe faziam tudo o que estava ao seu alcance para ajudar a organização. O pessoal lembrava os princípios de maneiras divertidas, como em brincadeiras de *quiz* realizadas nas reuniões, e reconhecimento para quem demonstrava que agia de acordo com os princípios definidos.

Na etapa de implementação, os princípios foram fundamentais. "Sabíamos que estávamos pedindo para as pessoas fazerem coisas incomuns na Merck e desconfortáveis para elas", disse Galeota. "Até então, quem apresentava bons argumentos para um negócio conseguia apoio. De repente, estávamos dizendo que ninguém precisava mais se importar com quantos dólares obteria. O importante agora era criar o desempenho necessário para redirecionar recursos para as áreas de crescimento mais lucrativas. Foi uma grande mudança, e sabíamos que seria difícil. Levamos muito a sério o lado humano da transição."

Os incentivos corroboraram essa visão. "Dissemos às pessoas que, se elas se comprometessem com essa nova direção, elas e a organização seriam recompensadas no final", contou Galeota. "Elas seriam posicionadas num cargo diferente, melhor, claro, em algum outro lugar. Mas as pessoas também entenderam que, se elas não quisessem ou não conseguissem fazer a mudança, seriam substituídas. Adotar uma visão holística dos profissionais acabou nos ajudando a promovê-los em áreas essenciais."

O compromisso de quem aceitou o desafio foi impressionante, observou Galeota, inclusive alguns líderes que estavam se tornando obsoletos. "Até indivíduos de áreas que já não eram prioridade se sentiram à vontade pela clareza do plano. Fazer escolhas em relação a priorização de recursos, redução de custos e risco ficou muito mais fácil", explicou Galeota. "Os gerentes sabiam que não deveriam investir em ideias de desenvolvimento de negócios que não estivessem em nossas áreas de foco ou que não prometessem taxas mínimas de retorno em relação ao risco. Eles sabiam aonde deveriam dedicar seu tempo e energia."

Para realizar a mudança, a equipe utilizou um processo de rastreamento simples, mas rigoroso: um painel de duas páginas com os elementos principais do plano, incluindo os passos para desfazer-se dos ativos de oftalmologia e neurologia, avaliar as oportunidades de parceria e implementar os quatro pilares de crescimento na área hospitalar, que eles revisavam a cada duas semanas. Responsabilidades bem definidas e o frequente monitoramento do progresso com base nas metas intermediárias mantiveram o grupo totalmente focado na execução, de abril a novembro de 2013.

Em novembro, ao começar a traçar o plano de lucros para o ano seguinte, a equipe repassou as formalidades dos próximos cinco anos para ver onde eles estavam em relação ao desejo de crescimento inicial. Descobriram que se encontravam um pouco à frente de onde queriam estar em 2014 e a 2% da meta definida para os cinco anos, apesar dos desafios adicionais que surgiram no mercado. Não era pouco, uma vez que o novo plano foi criado com base numa meta de 20% de melhoria em relação à taxa de crescimento anual composta projetada para cinco anos. O novo foco gerou novo crescimento para o grupo, apesar dos resultados nas áreas de hepatite C e HIV. E a alienação das empresas norte-americanas de oftalmologia e esquizofrenia ocorreu como planejado, confirmando a hipótese da equipe de que essas empresas valeriam mais para a Merck estando fora dela. No início de 2014, o novo negócio da companhia estava ganhando impulso: a empresa crescia, os custos baixavam e todos estavam animados e confiantes. De acordo com as recomendações iniciais, o plano de implementação mudou, passando a focar o hospital de cuidados intensivos, que demonstrava sinais de sólido crescimento, como esperado pela equipe.

LOCALIZANDO NOVAS INCERTEZAS

A incerteza não foi completamente eliminada, mas o Hospital & Specialty Care agora se sente mais preparado para lidar com ela. "Nossa capacidade de definir segmentos de mercado com precisão não é nossa maior incerteza", diz Galeota, "nem as transformações da ciência no âmbito hospitalar ou o ambiente regulatório. Os concorrentes modificaram o mercado em seu favor, surpreendendo-nos, mas nós identificamos o padrão e aprendemos a virar o jogo."

"Nossa maior incerteza agora está na execução", continua Galeota. "Tivemos que fazer escolhas significativas para fortalecer a organização, o que exigiu coragem. Um dos melhores resultados do trabalho foi a dedicação da equipe de liderança em demonstrar um estado de constante insatisfação com o status quo. A união de toda a equipe em torno da implementação, inclusive de aspectos não relacionados diretamente com sua área, criou um ambiente em que o grupo pode questionar as escolhas, com o intuito de maximizar as oportunidades de crescimento e trabalhar continuamente para otimizar nossa abordagem empresarial."

O resultado final é que a Merck está atenta – uma empresa direcionável e vigilante, conduzida em duas pistas. "É um desafio pessoal manter o foco em nossa visão e, ao mesmo tempo, trazer os outros comigo", diz Galeota. "Aí, é uma questão de disciplina. Devemos permanecer firmes no caminho das metas de curto prazo para atingir nossas metas maiores. Precisamos dominar a realidade interna e externa. É uma luta diária, mas que vale a pena."

✓ CHECKLIST DA PARTE VI

Avalie a si mesmo em uma escala de 1 a 10:

- ✓ Quão ágil e direcionável sua organização é em comparação com a velocidade das mudanças externas?
- ✓ Como você pode implementar as SPGs em sua unidade? Que bloqueios você prevê?
- ✓ Você definiu explicitamente os nós de decisão de sua organização? Esses nós têm o tipo certo de expertise, recursos e liderança para mover-se com velocidade?
- ✓ Com que frequência você monitora e diagnostica os nós de decisão mais importantes? Você toma alguma medida corretiva, inclusive a de substituir o líder, quando necessário?

- ✓ Você está disposto a tirar recursos e pessoas de partes da organização que estão se tornando menos importantes para o futuro da empresa? Você desloca recursos para financiar novas oportunidades de negócios?
- ✓ Você tem metas de curto prazo a cumprir ao longo do caminho maior? Como você equilibra foco e recursos entre o negócio atual e as atividades e investimentos que servirão para construir o futuro?
- ✓ Ao ver novas oportunidades, você solicita a participação de colegas, subordinados diretos e gestores, para que eles vejam o que você está vendo, sobretudo, o contexto externo que torna sua ideia atraente para os consumidores? No caso de CEOs, você tem o hábito de discutir com o conselho diretor sobre o contexto externo e novas oportunidades?
- ✓ Você está desenvolvendo a resiliência financeira necessária para resistir à incerteza estrutural e aproveitar oportunidades?

Considerações finais

Estimular continuamente nossa forma de pensar e capacidade de autorreflexão é um aspecto fundamental para desenvolver e manter nossa vantagem ofensiva. Para ter sucesso nessa era de incerteza estrutural, você precisa das cinco habilidades seguintes. Avalie a si mesmo em uma escala de 1 a 10 e depois considere como melhorar. Você também pode fazer uma autoavaliação geral utilizando estes critérios.

1. Acuidade perceptiva.
2. Capacidade de enxergar oportunidades na incerteza.
3. Capacidade de divisar um novo caminho e se comprometer com ele.
4. Habilidade de realizar a transição para o novo caminho.
5. Capacidade de fazer com que a organização seja direcionável e ágil.

Agradecimentos

Este livro começou quando um cliente da Índia me pediu um conselho sobre como sua organização podia lidar com incertezas. Não posso dizer que o pedido me surpreendeu. O governo indiano, por si só, já é uma grande fonte de incerteza para os líderes empresariais. Mas me instigou. Em minha busca para encontrar soluções práticas, conheci e trabalhei com líderes brilhantes, cuja sabedoria está refletida no conteúdo deste livro.

Sou muito grato aos seus insights e disposição de compartilhar com os leitores algumas das práticas de lideranças mais inteligentes do planeta. Entre eles, gostaria de citar Anish Batlaw, Vic Bhagat, Kishore Biyani, Steve Bolze, Larry Bossidy, Bruce Broussard, Kris Canekeratne, Richard Carrión, Subhash Chandra, Bill Conaty, Dr. Toby Cosgrove, Mark Cross, Howard Elias, Maria Luisa Ferré, Mark Fields, Larry Fink, Todd Fisker, John Flannery, Jay Galeota, Kiran Kumar Grandhi, Hugh Grant, Raj Gupta, George Halvorson, Ron Heifetz, Chad Holliday, Tim Huval, Jeff Immelt, Sanjay Kapoor, Brian Kelley, Jack Krol, Vinod Kumar, Terry Laughlin, Bill Leaver, Vinod Mahanta, Brian Moynihan, Alan Mulally, Arun Narayanan, Rod O'Neal, Tony Palmer, Raj Rajgopal, G. M. Rao, John Rice, Steve Schwarzman, Ivan Seidenberg, Deven Sharma, Analjit Singh, Dean Stamoulis, Charles Tribbett, Joe Tucci, Jørgen Vig Knudstorp, Brian Walker, Alberto Weisser, Jack Welch e o general Larry Wyche.

John Mahaney, meu editor na Public Affairs, lançou mão de sua incomparável expertise para garantir a melhor experiência possível para os leitores, dedicando tempo e energia mental para concretizar este projeto. Sou muito grato por suas contribuições práticas e editoriais.

Também gostaria de agradecer à equipe sênior da Public Affairs, isto é, Clive Priddle e Susan Weinberg, grandes incentivadores e conselheiros, e ao diretor de publicidade, Jaime Leifer, o gerente de publicidade, Chris Juby, a diretora de marketing, Lisa Kaufman, e a diretora assistente de marketing, Lindsay Fradkoff, por seu primoroso trabalho de lançar este livro num mercado complexo e instável. Collin Tracy fez um trabalho maravilhoso de administrar todos os aspectos da produção do livro e Sharon Langworthy realizou o cuidadoso copidesque do original.

Nos últimos 20 anos, Geri Willigan tem sido minha colaboradora, ajudando-me a desenvolver conteúdo e trabalhando comigo como escritora, editora, pesquisadora e gerente de projeto. Geri, novamente, fez contribuições indispensáveis para a edição deste livro, utilizando sua mente analítica numa quantidade enorme de informações e ajudando-me a definir a estrutura conceitual e a apresentação do material.

Charlie Burck, ex-editor executivo da revista *Fortune*, contribuiu com sua capacidade de investigação e grande talento literário. Charlie tem a rara habilidade de aprofundar-se num assunto complexo e depois explicar como se fosse algo simples.

Gostaria de agradecer também ao meu antigo sócio, John Joyce, que me ofereceu feedback decisivo em diversas situações críticas.

As pesquisas deste livro envolveram centenas de viagens a várias partes do mundo. Cynthia Burr e Carol Davis são as mágicas de meu escritório em Dallas, que me mantiveram em movimento e no caminho certo. Elas são a infraestrutura que me permite atravessar o mundo e ainda ter uma rotina de trabalho. Agradeço enormemente por seu valor agregado.

Notas

1. Andrew Edgecliffe-Johnson, Online Courses Open Doors for Teenagers, *FT.com*, 26 de março de 2013, http://www.ft.com/intl/cms/s/0/c5a4b932 924c-11e2-851f-00144feabdc0.html#axzz2UdebusFD.

2. Capital de giro negativo é quando as aplicações permanentes são maiores do que as fontes permanentes; quanto mais a empresa cresce, mais caixa gera.

3. Ken Auletta, *Media Man* (Nova York: W.W. Norton, 2004).

4. http://www.automotivehalloffame.org/inductee/hal-sperlich/789/.

5. Krithika Krishnamurthy, India to Be Launch Pad for Amazon's Plan to Deliver Packages Using Drones; Deliveries May Start by Diwali, *Economic Times*, 20 de agosto de 2014.

6. Jeff Bezos, Julia Kirby e Thomas A. Stewart, Institutional Yes: The HBR Interview with Jeff Bezos, *Harvard Business Review*, 1 de outubro de 2007.

7. Um *cliente* é o indivíduo ou empresa que compra um produto ou serviço; um *consumidor* ou *usuário final* é o indivíduo ou empresa que utiliza o produto ou serviço. A Barnes & Noble é um cliente de editoras; o leitor é o consumidor ou usuário final.

8. Digital Leadership: An Interview with Jack Levis, Director of Process Management at UPS, *Digital Transformation Review* [CapGemini Consulting], 5 de janeiro de 2014.

9. Este exemplo baseia-se em dois casos da Harvard Business School: Anette Mikes e Dominique Hamel, The Lego Group: Envisioning Risks in Asia (A) (24 de janeiro de 2014, *case* nº 9-113-054), e Anette Mikes e Amram Migdal, The Lego Group: Envisioning Risks in Asia (B) (10 de dezembro de 2013, *case* nº 9-114-048).

10. Peguei emprestado o termo *steerability* – aqui traduzido como "direcionamento" ou "capacidade de direcionamento" – de um capítulo revelador de

Hock-Beng Chea e Henk W. Volberda, A New Perspective of Entrepreneurship: A Dialectic Process of Transformation within the Entrepreneurial Mode, Types of Flexibility and Organizational Form, em *Entrepreneurship and Business Development*, ed. H. Klandt (Aldershot, UK: Avebury, 1990), 261-286.

11. Decluttering the Company, *The Economist*, 2 de agosto de 2014, 53.

12. Leading in the 21st Century: An Interview with Ford's Alan Mulally, *Insights & Publications* [McKinsey & Co.] (novembro de 2013).

13. Michael Distefano e Gill Kurtzman, The Man Who Saved Ford, *Briefings* [Korn Ferry Institute] (outono de 2014).

14. Ibid.

15. Bryce G. Hoffman, *American Icon* (Nova York, Crown Business, 2012), 102.

16. O conceito de nós de decisão foi inspirado na tese sobre a anatomia da tomada de decisões, do ganhador do Prêmio Nobel Herbert Simon. Ver também seu livro *Administrative behavior* (Nova York, Free Press, 1949).

17. Chris Murphy, Can Digital Business Make Tata a Software Company? *Information Week*, 14 de fevereiro de 2014.

18. Jon Gertner, The Truth About Google X: An Exclusive Look Behind the Secretive Labs' Closed Doors, *Fast Company*, 15 de abril de 2014.

19. Ibid.

Sobre o autor

Ram Charan é um renomado consultor de negócios, escritor e palestrante, que passou os últimos 25 anos trabalhando com as principais empresas, CEOs e conselhos diretores. Já escreveu 15 livros, vendendo mais de três milhões de exemplares em mais de 12 idiomas. *Execução* foi o principal best-seller do *Wall Street Journal* e passou mais de 150 semanas na lista de best-sellers do *New York Times*. Charan também escreveu para inúmeras publicações, incluindo a *Harvard Business Review*, a *Fortune*, a *BusinessWeek* e a *Time*.

Este livro foi impresso nas oficinas gráficas da Editora Vozes Ltda.,
Rua Frei Luís, 100 – Petrópolis, RJ.